리셋 주일학교

리셋 주일학교
한 사람이 바꾸는 현장 매뉴얼

© 박양규

초판 1쇄 인쇄 | 2022년 03월 07일
초판 2쇄 발행 | 2024년 06월 05일

지은이 | 박양규
발행인 | 강영란
편집 | 강혜미, 권지연
디자인 | 트리니티
마케팅 및 경영지원 | 이진호

펴낸곳 | 샘솟는기쁨
전화 | 대표 (02)517-2045
팩스 | (02)517-5125(주문)
이메일 | atfeel@hanmail.net

홈페이지 | https//blog.naver.com/feelwithcom
페이스북 | https//www.facebook.com/publisherjoy
출판등록 | 2006년 7월 8일

ISBN 979-11-89303-68-6(03210)

Reset

한 사람이 바꾸는 현장 매뉴얼

리셋 주일학교

Church

박양규 지음

나는 무엇을 할 것인가, 내가 할 일은 무엇인가?

School

샘솟는
기쁨

이 책을 추천합니다

위기를 기회로 만들어 주는 책

사막은 죽음의 땅처럼 보이지만 생태계가 가장 활발하게 역동하는 공간 중 하나다. 겨울은 죽음의 계절처럼 보이지만 봄을 위해 생명이 잉태되는 시간이다. 코로나19는 다음 세대 아이들의 신앙을 사막처럼 황폐하게 만들었고, 영적인 생명을 얼게 만들었다. 그러나 역사를 볼 때, 하나님은 암흑의 시간에도 그루터기를 준비하셨고, 그 분의 시간을 진행해 오셨다.

함께 삼일교회에서 동역하는 박양규 목사는 코로나19 시작과 함께 다음 세대 사역에 뛰어들었고, 『리셋 주일학교』라는 책을 완성했다. 저자는 오랜 기간 교회교육에 몸담아 온 누구보다 다음 세대를 고민하고 몸부림치던 교육자다. 그런 까닭에 이 책이 침체된 주일학교를 역동하게 만들고, 주님의 계절을 잉태하는 귀한 도구가 될 수 있으리라 확신한다.

송태근 | 삼일교회 담임목사

미래 시대의 교회를 준비하는 우리에게

주일학교 교회교육을 다년간 담당해 온 목사, 서양고대사와 신학을 연구한 기독교 저술가인 저자는 일반은총 영역을 통해 신앙을 말하는 인문학자이자 유튜버 채널 '교회교육연구소'를 운영하는 인플루언서이다. 또한 나에게 저자는 총신대학교 신학과 동기이자 친구, 그렇게 30년이 지나는 동안 하나님 나라를 섬겨온 동역자이다.

이 책 『리셋 주일학교』을 정독하면서 두 가지 생각을 했다. 우선 신학대학교수로서 목회자와 신학생에게 다음 세대 신앙교육을 위해 권면할 내용이 생겨 감사했다. 다른 하나는 '나는 무엇을 할 것인가. 내가 할 일이 무엇인가. 주일학교 교역자 한 사람, 교사 한 사람이 바꿀 수 있다는 믿음, 이것이 나의 진짜 대안이었다.'라는 저자의 확신을 공유하면서 분명한 교육의 방향성을 갖게 되었다. 이러한 저자의 제안이 얼마나 소중한지 알 수 있을 것이다. 오늘 수고하는 모든 사명자에게 이 책을 추천한다.

김주한 | 총신대학교 신학과 교수

20년 교회학교 현장에서 준비된 책

박양규 목사는 자랑스러운 사역자다. 강남교회에서 청년들을 섬길 때 (2000~2005년) 동역자였고, 지금까지 교제하고 있다. 석사학위 논문을 에른스트 블로흐에 대해 쓴 나는 그의 말 중에 "역사는 소수의 편집적 증세를 가진 사람들에 의해 이끌려왔다"는 말을 좋아한다. 아직 보이지 않는 것을 보고 몰두하는 사람, 저자를 보면 그런 마음이 든다. 그는 20년 이상 줄곧 교회학교에 미쳐서(?) 연구해 왔다. 또한 그는 예수님처럼 사역에 접근한다. 우리의 언어로 하나님 아버지를 설명하고 영생을 설명한다. 우리가 일상에 접하는 동화, 그림, 영화, 인문학 서적 등을 통해 복음을 설명한다. 이런 저자의 책이 더 많이 출간되어 더 많은 사람들이 복음을 쉽게 접하고 구원에 가까워지는 역사가 일어나길 소망한다.

이번에 출간된 『리셋 주일학교』는 담임 목회자, 교육 담당 목회자, 당회 장로님, 성도님도 꼭 읽어야 할 책이다. 이 책이 귀한 매뉴얼로 자리 잡아 교역자가 바뀔 때마다 또 다시 시작하는 교회학교가 아니라 시간이 갈수록 기초가 세워지고, 1층이 지어지고, 2층이 올라가 멋진 건물이 되어가는 역사가 있길 소망한다. **이성헌 | 목사, 에꿈[에스겔의 꿈] 선교회 대표**

한국교회 주일학교에 청사진을 제공하다

지금 교회주일학교가 위기를 맞이했다. 이런 시기에 주일학교의 부흥과 회복을 일으킬 탁월한 책이 발간되어 참으로 기쁘다. 한국교회에 주일학교 학생을 위한 제대로 된 교재 한 권 가지지 못해 안타까웠는데 이 책이 그러한 안타까움을 단번에 해소해 주었다.

이 책은 주일학교의 문제점을 잘 진단하면서 어떻게 주일학교를 운영해야 하는지 구체적인 청사진을 제공한다. 새로운 대안이다. 이전에 결코 볼 수 없던 탁월한 책이며, 한국교회 주일학교에 엄청난 영향을 미치리라고 의심치 않는다. 세상을 변화시키는 하나님의 자녀를 세우는 일에 크게 기여하리라 확신한다. 한국교회에 많은 주일학교 관계자들과 부모님들이 이 책을 읽고, 새로운 도전을 받을 수 있기를 원한다.

안경민 | 나눔교회 담임목사

주일학교 본질을 꿰뚫는 네비게이션

교회교육을 효과적으로 하기 위해 이제 여러 가지 책을 볼 필요가 없다. 이 책을 마음을 모아 정독하기를 권한다. 가르치는 위치에 있는 사람들이 소유한 고민거리가 대부분 해결되리라 확신한다. 『리셋 주일학교』에는 피상적인 해결책이 담겨있지 않다. 교회교육의 본질을 꿰뚫는 대안들이 체계적으로 정리되어 있다. 아이들을 교육하다가 길을 잃었거나, 열정이 식었거나, 어디로 방향타를 잡아야 할지 몰라 막막한 모든 선생님들에게 너무나 유용한 네이게이션이 되리라 확신한다.

김관성 | 행신침례교회 담임목사

시대 흐름과 교회교육 문제를 통찰하다

사이먼 사이넥(Simon Sinek)은 저서 『Start with Why』에서 일반적인 사람과 기업은 'What→How→Why'의 순서로 생각하는 반면, 탁월한 리더와 기업은 'Why→How→What'의 순서로 생각한다고 한다. 그런데 한국 교회의 교육을 돌아보면 'What→How→Why'의 순서를 따라갔음을 알 수 있다. 주일학교 교육은 하나님의 말씀(What) 가르치는 것에서 시작해, 어떻게(How) 가르칠까 시도해 보지만, "향방 없는 달음질"(고전 9:26)을 해 왔을 뿐임을 깨닫고, 내가 왜(Why) 이 일을 하는가, 현타(현실 자각 타임)의 순간을 맞이한다. 이 책의 탁월한 점은 바로 여기에 있다. 왜(Why) 우리가 주일학교를 하는지 근본적인 질문을 던지며 어떻게(How) 주일학교를 운영해야 할 것인지를 부서의 매뉴얼을 통해 설명하고, 신앙교육 콘텐츠로서의 인문학을 소개하며 무엇(what)을 가르칠 것인가를 제안한다. 정말 탁월한 통찰이 아닐 수 없다. 한국 교회 주일학교를 다시 '리셋'할 책으로 모든 목회자, 교사, 부모들의 책장에 반드시 꽂혀 있어야 할 책이다.

이수인 | 아신대학교 기독교 교육학과 교수

교회교육 쇄신의 대안 제시

코로나를 겪으면서 한국 교회 주일학교가 얼마나 황폐화 되어져 있는지 모두가 깨달았다. 수많은 대안으로이 제시되었지만 『리셋 주일학교』는 지금이 새롭게 시작할 때라고 말한다. 그렇다고 주일학교의 근본을 바꾸자고 하는 것이 아니다. 기존의 틀은 유지하면서 그 안에서 새롭게 시작하자는 것이다. 한국 교회에 충분히 희망이 있다. 주일학교 존재 목적을 새롭게 하는 한 명의 교사가 있다면 얼마든지 한국 교회를 일으킬 수 있다고 한 저자는 교회교육에 효과적인 다양한 콘텐츠들을 연구하고 개발하고 있다. 이제 우리는 교회 교육을 쇄신하기 위한 대안을 찾아야 할 때다. 교회를 사랑하는 우리 모두에게 이 책을 추천한다.

이정현 | 청암교회 담임 목사, 개신대학원대학교 겸임 교수

조각을 다시 완성하게 하는 설계도 같은 책

1932년 덴마크에서 시작된 레고, 덴마크 말로 '잘 놀다'라는 의미의 'LEg GOdt'에서 앞부분을 따서 부르기 시작한 '레고(Lego)'는 지루하지 않게 하는 어른들의 장난감이다. 완성품을 해체하고 다시 맞추어 가는 재미가 있다. 이 레고를 재조립할 때 가장 필요한 것은 설계도다. 이 책 『리셋 주일학교』는 현대 포스트모더니즘으로, 코로나로 인해서 해체되어 버린 교회교육이라는 블럭들을 다시 정확하게, 그리고 가장 아름답게 만들어 가는 '설계도'와 같다.

현대 주일학교는 빠른 길을 걸어왔다. 세상의 문물을 무비판적으로 수용하고 적용함으로 교회교육은 해체되었다. 코로나 때문에 모일 수 없다는 핑계로 교회교육은 다시 산산 조각 나고 부서져 버렸다. 그러나 여기 바른 길이 있다. 이 책은 다음 세대를 바른 길로 인도하고, 가르치고 배우는 말씀으로 세상을 향해 나아갈 수 있게 하며, 하나님을 기대하면서 조각조각 흩어져 있는 기쁨을 발견하게 한다. 바른 길을 제시하는 이 책을 기쁨으로 추천한다. **임남규 | 싱가포르 한인선교회교회 담임목사, 전 분당 꿈의 학교 대표**

(Contents)

PART 1

한 사람을 변화시키는 매뉴얼

1 주일학교의 근본적인 질문, WHY?   31

중세를 남긴 인물, 샤를마뉴 대제 | 사람은 떠나도 제도는 남는다 | 세상을 바꾸
는 질문 WHY? | 누구나 주일학교를 리셋할 수 있다 | 주일학교의 인재상을 생
각하라 | 바벨탑 세상에서 주일학교를 구하라

2 주일학교 존재 목적   49

농민의 화가가 던지는 본질 | 최초의 주일학교를 찾아서 | 1780년과 21세기의
주일학교 | 주일학교의 원형 | 한국에 상륙한 주일학교 | 주일학교가 바꾼 세상
| 도약을 위해 변화하자

3 공장 가동은 이제 그만!   77

교사 세미나에서 반복되는 일 | 윌리엄 부스의 예언 | 이게 주일학교 교재라니!
| 168시간이 아니라 1시간이다 | 집밥으로 우리만의 주일학교를 만들자

4 교회교육, 기본만 지켜도 된다   88

학교는 당나귀를 말(馬)로 바꿀 수 없다 | 왜 학교 교육을 닮아 가려고 하는가 |
교회교육은 무엇을 지향하고 있는가 | 교회교육이 의미 있는 이유 | 주일학교,
52주의 시간 | 교회교육에 확신을 가지자

PART 3

교회교육을 위한 콘텐츠, 인문학

리셋, 한 사람이 바꿀 수 있습니다

주일학교에 주목하자

한국 교회 뿌리가 되었던 주일학교가 성장을 멈추고 하향 곡선을 그리기 시작한 1990년대 이후 교회 현장과 학계에서 주일학교 개선 사항에 대해 목소리를 내기 시작했다. 21세기에 들어서면서 그 내용이 축적되었으나, 저출산과 고령화 사회에 급속도로 진입하면서 교회에서는 이미 아이들이 사라지고 있다.

주일학교가 없는 교회의 비율은 어떤가. 주일학교가 얼마나 줄어들었는가. 그러나 다음 세대를 위해 개선 의지가 분명하다고 하더라도 숫자나 통계에 의지하고, 무엇을 어떻게 바꾸어야 하는지 대안을 모색하기에는 고착화된 교회 현실이 먼저 보인다.

나는 지난 20년간 주일학교 사역 현장에서 목회의 시간을 보냈다. 현장의 고민을 체험했고, 현장의 소리를 공감했다. 개선 요구들을 열거한다면 이미 들어봤을 법한 내용일 것이다. 교사들의 열정을 끌어올리고, 예산을 늘려야 하며, 담임 목회자가 적극적으로 주일학교에 주목해야 한다는 내용 말이다. 여기에 더한다면 열심히 기도하고, 말씀대로 가르쳐야 한다거나, 교육 철학을 세워야 하며, 교육 전도사들을 전임 목회자로 바꿔야 한다는 주장들도 있다. 모두 맞는 말이라고 해도 '한 사람'이 해내기에는 너무 막연하고 먼 이야기다. 교육 전도사 시절 예산을 올려 달라고 주장하다가 당회실에 불려간 적도 있었으나, 결국 다음 세대에 관한 나의 요청들은 별일없이 공허한 외침으로 끝나곤 했다.

나는 무엇을 할 것인가

저출산 시대, 주일학교의 통계를 떠올리며 한없이 막막해졌다. 배가 성장을 꿈꿨지만 6학년 아이들이 중·고등부로 33명 올라가면 유치부에서 유·초등부로 올라오는 아이는 12명인 것이 현실이었다. 그렇게 3년이 지나고 배가 성장은커녕 배가 증발의 결과가 찾아오면서 나는 자연스럽게 실망하고 좌절하였다.

그 무렵 저출산 시기에 교회교육을 잘하는 교회가 성장한다는 강사들이 여럿 있었다. 그들의 열정적인 대안을 추적하고 모색하기도 했으나 실제로 어떻게 교회교육을 잘할 수 있는지 모호했다. 교회교육 관련 책들도 무수히 많다. 10년 넘게 새 책이 출간될 때마다 기대하는 마음으로 읽기도 했지만 나 한 사람이 할 수 있는 대책을 찾아보기 어려웠다. 만약 내가 담임 목회자이거나 총회, 노회에서 결정권을 가졌다면 가능하지 않을까?

공연히 무모한 발상을 할 때가 잦아졌다. 내로라하는 불세출(不世出)의 강사들의 주일학교 부흥 사례들을 보면 그야말로 오징어가 된 기분이었다.

그렇게 20년을 보내고 나서도 나는 여전히 주일학교 교역자로 남아있다. 그리고 20년간 마음속에 새기고 또 새긴 것들, 현장에서 확인했던 것은 이것이다. 내리막길의 주일학교를 바꾸기 위해 열정, 예산, 교육 철학, 전임 교역자, 담임 목회자, 교육 공간 확보와 같은 거시적인 담론은 대책이 될 수 없다는 것이다. 나는 무엇을 할 것인가. 내가 할 일이 무엇인가. 주일학교 교역자 한 사람, 교사 한 사람이 바꿀 수 있다는 믿음, 이것이 나의 진짜 대안이었다. 이 책은 교회 현장에서 몸으로 부대끼며 고민하고 확신했던 내용을 담고자 했다.

회개 대신 기쁨을 줄 수는 없을까

주일학교 교사들이야말로 교회 미래를 위한 최후 보루이다. 주일학교 교사 직분은 어떤 봉사 영역도 맡길 수 있다는 일종의 보증 수표인 만큼 교사는 대부분 멀티 플레이어이다. 그럼에도 불구하고 정기적인 교사 세미나에 참석한 교사들은 눈물을 흘리며 회개하게 되는 레퍼토리가 반복된다. 교사들에게 눈물 대신 감사를, 회개 대신 기쁨을 줄 수는 없을까? 교사 각 사람마다 실제적인 지침이 되게 하고 싶었다.

- 한 사람이 바꿀 수 있어야 진짜 대안이다.
- 변화는 반드시 본질을 기초로 해야 한다.

오로지 이것만 생각했다. 자연스럽게 교육서들을 다양하게 섭렵할 수밖에 없었다. 그 책들을 보면서 쉬지 않고 생각을 되뇌었다. 어떻게 하면 교육학자들이 연구하고 논의한 결과를 우리가 추구해야 할 교회교육에 발전적으로 적용할 수 있을까? 그동안 고민하고 경험한 내용을 바탕으로 소통하고자 한다.

이 책은 예측 정도로 그치거나 이상적이기만 한 것이 아니라 우리 같은 갑남을녀(甲男乙女)들의 실천서이다. 부디 한 사람이 주일학교를 바꾸고 다음 세대를 바꿀 수 있기를 진심으로 소망한다.

이 책이 나오기 10년 전부터 나와 같은 비전과 본질을 꿈꾸며 동역자가 되어 주신 샘솟는기쁨의 강영란 대표님과 이진호 이사님께 고마움을 전한다. 고된 편집 작업을 마다하지 않으며 이 책을 빛내 준 강혜미 팀장님에게도 감사한 마음이다. 같은 방향을 바라보며 격려와 추천사를 써 주신 선배, 동료 목회자들에게 존경의 마음을 바친다.

교회교육의 일념으로 광야를 걸어가는 동안 이 사역에 같은 마음을 품고 보리떡을 모아 주셨던 삼일교회 성도님들의 이름을 한 분 한 분 마음속에 되뇐다. 이 책이 누군가에게 영향을 미친다면 그 성도님들이 만든 오병이어(五餅二漁)의 기적이라고 믿기 때문이다. 교회교육의 숭고한 사역에 기꺼이 동참해 주신 큐리랜드의 동역자들을 생각할 때면 고맙다는 말이 참 가볍게 느껴진다. 광야의 길을 함께 걷고 있는 가족들에게 진심을 다해 미안함과 고마움, 그리고 애정의 마음을 전한다.

저자 박양규

우리에게 소망이 있습니다

주일학교는 1780년 산업 혁명기 영국에서 레이크스
가 최초로 개교한 이래, 1870년 공교육 제도가 수립
되기 전까지 서민, 특히 노동자 가정의 아이들을 일
요일에 무상으로 교육하면서 시작되었다. 주로 성
서의 기초, 읽기, 쓰기, 요리(교리)문답을 학습하였다.
300년이 지난 지금 우리나라 주일학교 교육 내용은
어떠한가. 교회 미래가 달려 있는 주일학교에 기본
적인 매뉴얼조차 없다. 창의적 공간에서 선교는 한
사람에 의해 이루지기 시작한다.

시간 거품은 이제 그만

지금까지 우리는 '시간 거품'으로 먹고 살았다고 해도 과언이 아니다. 이른바 시간 거품은 현재의 목적을 위해 내가 책임지지 않을 미래를 약속하고 부풀리는 행위 정도를 말한다.

MZ 세대가 태어나던 지난 밀레니엄을 떠올려 보자. 1999년이 지나면서 많은 교회가 시간 거품을 생산하기에 여념이 없었다. 교회마다 비전 2020을 외치던 때, 그 내용을 기억할 것이다. 2020년 대한민국에서 우리 교회가 어떻게 되어 있고, 2040년 세계가 이렇게 변할 것이라고 장담했었다. 2020년이 지난 지금을 바라보자.

- 2000년의 화려했던 말잔치를 누가 기억하는가?
- 그때 장담한 것들은 어떻게 되었는가?
- 누가 장담했고, 지금 어떠하단 말인가?

이것이 시간 거품이다. 시간이 지나면 말한 사람도, 들은 사람도 그 내용을 망각한다. 그러니 책임을 물을 대상도 사라진다. 엄밀히 말해서 시간 거품의 목적은 미래가 아니다. 현재 목적을 위해 미래를 부풀리는 화려한 수사(修辭)라고 하는 편이 적절할 것이다. 시간 거품이 화려할수록 미래를 지향하는 것이 아니라 그것은 현재를 모면하는 처세가 되고 만다.

시간 거품은 주일학교라고 예외가 아니다. 2000년대 주요 주제 중 하나는 '비전(Vision)'이었고, 당시 새로 발행한 성경 이름도 '비전'이 들어갈 정도였다. 하지만 내게 비전이란, 하나님이 보여주시는 계시나 사명이 아니라 '현재 도달하지 못할 장래 희망' 정도였다. 입시를 앞둔 아이들에게 비전을 제시하고, 그것에 열광하는 것을 믿음이라고 말하는 것을 들었다. 순간 아이들에게 입시란 성적과 노력의 영역이 아니라 믿음의 영역이 되어 버린다.

그 다음이 문제다. 중등부, 고등부 수련회에서 비전을 말하면서 감동받았던 아이들이 정작 진로를 말할 때 자신의 비전이 무엇인지 분명하지 않고, 설령 비전을 말하더라도 누가 그것을 심어 주었는지 고백하지 못한다. 그때 강사는 지금도 시간 거품을 만들고 있을지도 모른다.

시간 거품으로 화두를 꺼낸 이유를 눈치챘는가? 현재까지 논의된 교회교육의 대안들 대부분은 시간 거품이다. 아니라고 부인할 수 있겠지만 사실이다. 당장 가시적인 성과를 내야 하는 목적 때문에 시간 거품이 넘쳐 난다. 시간 거품이 많으면 많을수록 아이들의 신앙도 거품이 된다.

교육자라면 기본 전제가 있다. 교육 효과가 증명되기까지 10-20년이 걸린다는 것을 인지하는 것이다. 그 시간이 지나서야 겨우 티가 난다. 그러므로 시간 거품을 만들어서는 안 된다. 10-20년을 내다보고 가르치는 것과 시간 거품은 비슷한 듯해도 결코 그렇지 않다.

개인기도 이제 그만

현장에서 외치는 신음 중 하나는 주일학교가 개인기에 의존한다는 사실이다. 어떤 강사의 부흥 사례를 대입하거나 교사 한 사람의 개인기가 먹히면 '부흥'이라고 말했다. 간혹 담당 교역자나 교사 한 명에 따라 부서의 교육 가치관, 관점이나 방향이 송두리째 바뀌기도 했다. 전도사 한 사람, 부장 한 사람이 바뀌었을 뿐인데 이전과는 다르게 진행되다가 정작 시간이 흘러 후임자가 새로 오면 그동안 부서가 추구한 교육 가치는 아주 쉽게 폐기된다.

이런 변화로 인해 발생하는 혼란과 갈등은 고스란히 아이들의 몫이다. 한 교역자로 인해 부서가 가졌던 경험은 성향이 다른 후임 교역자로 인해 사라지고 전혀 다른 기억만 남는다. 새로운 환경에 적응해야 하는 것은 오롯이 '남은 자'들의 몫이다.

왜 이런 일이 주일학교마다 반복되는 것일까? 누구나 공감하는 제도, 즉 매뉴얼이 없기 때문이다. 이 책의 목적은 분명하다. 주일학교가 일정한 수준과 철학을 유지하기 위해서 제도의 힘을 불어넣자는 것이다. 주일학교 부서에 제도가 세워지고 공동체 간의 매뉴얼이 확정된다면 한 개인기에 따라 한 해 동안 부서가 휘청거리는 일은 없지 않겠는가.

주일학교(sunday school)는 1780년 산업 혁명기 영국에서 레이크스(R. Raikes)가 최초로 개교한 이래, 1870년 공교육 제도가 수립되기 전까지 서민, 특히 노동자 가정의 아이들을 일요일에 무상으로 교육하면서 시작되었다. 주로 성서의 기초, 읽기, 쓰기, 요리(교리)문답을 학습하였다. 300년이 지난 지금 우리나라 주일학교 교육 내용은 어떠한가. 교회 미래가 달려 있는 주일학교에 기본적인 매뉴얼조차 없다.

창의적 공간에서 선교는 한 사람에 의해 이루지기 시작한다. 교사 한 사람이 이 책을 통해 매뉴얼을 제안하고, 제도의 힘을 공감한다면 주일학교는 변화를 도모할 수 있다. 그런 사례들을 현장에서 경험했고, 효과는 상상 이상이었다.

이 책을 그대로 따라 해도 제도가 갖춰지고, 매뉴얼은 생성될 것이다. 누군가 그 부서를 떠나더라도 다음 담당자에 의해 부서의 기능은 여전히 작동할 것이다. 매뉴얼을 만들어서 함께 공유하는 것은 많은 예산이 들지 않고, 책임을 져야 하는 결정권자가 어렵게 깃발을 흔들지 않아도 된다.

프리즌 브레이크

아이들이 1천 번 교회에 나온다면 어떤 기대치가 생길까? 안타깝게도 가장 높은 확률은 교회를 떠나는 것이 현실이다. 통계는 캠퍼스 기독교 인구가 3%라고 말한다. 이 비율은 우리에게 이른바 현타(현실 자각 타임)를 가져다준다. 그래서 주일학교를 영화 장르로 비유한다면 멜로, 액션, SF가 아니라 '프리즌 브레이크(Prison Break)'라고 해도 과장이 아니다.[1]

요즘 '나'를 객관적으로 보기가 유행이다. 주일학교를 가장 객관적으로 바라볼 수 있는 방법은 무엇일까? 우리가 최선을 다해서 아이들이 만족할 거라고 생각하면 착각이다. 아이들은 우리가 최선을 다했는지, 공과를 철저히 예습했는지에는 관심이 없다.

아이 입장에서 아이의 눈으로 주일학교를 보면 예배, 설교, 공과, 장소 등등이 보이기 시작할 것이다. 아이들이 평소 지내던 환경과 주일학교를 비교해 보라. 주일학교는 프리즌 브레이크라는 것을 부인할 수 없다.

아이들이 교회에 오면 설교를 세 번 듣는다. 예배 시간 설교자에게 한 번, 공과공부 때 교사에게 한 번, 그리고 떠들 때마다 무서운 눈으로 바라보는 사람들에게 한 번. 적어도 작가 마크 트웨인에게 주일학교는 프리즌 브레이크였다. 그의 단편 소설 'The Story of The Bad Little Boy'를 떠올리게 한다.

나는 이렇게 평가되는 주일학교 설교를 효과적으로 개선하기를 바랐다. 다시 말해서 설교 수준을 달리 해야 한다는 태도가 아니라 설교와 공과를 어떻게 해야 아이들에게 효과적일지 지침을 나누려고 한다. 적어도 아이들에게 주일학교가 프리즌 브레이크는 되지 말아야 하지 않겠는가.

현장에서 써 내려간 진심

교역자 대부분이 처음 사역을 시작하면 나이 탓에 주일학교를 맡는다. 나이가 들면서 청년부를 거치고, 장년 교구를 맡게 되면 이른바 '승진했다'고 말한다. 대개 자녀가 없을 때 주일학교를 맡았다가 자녀가 생기고 '내 아이를 가르치는 심정'을 알 즈음 주일학교 현장을 떠난다. 이런 구조가 아쉽다. 주일학교 전문인을 양성할 수 없는가.

'내 새끼를 가르치는 심정'이 주일학교로 이어질 수 있다면 주일학교 교육이 현실적으로 변할 가능성이 있다. 적어도 나는 그랬다. 아이가 태어나고 얼마 후에 문화센터를 다니기 시작하면서 다양한 배움을 경험한다. 아이의 배움과 주일학교의 차이점, 그리고 양자를 접목하는 방법을 고민하는 때가 바로 이 시기라는 것을 생각하면 사역자들이 현장의 소리를 잊는 구조는 여러 모로 아쉽다.

1   존 카우치, 제이슨 타운/ 김영선 역, 『교실이 없는 시대가 온다』(어크로스, 2020), p. 234.

그래서 진심을 전하고 싶었다. 나는 주일학교 현장에서 20년 가까이 있었고, 최근까지 대형 교회에서 교회교육을 총괄했다. 어쩌면 대형 교회에 있었다는 이력은 많은 분에게 '문턱'으로 작용할 수 있겠다는 생각이 든다. 절대 다수가 대형 교회가 아닌 교회에서 아이들을 섬기지 않는가.

그러나 이 책은 탁상공론이 아니다. 대형 교회에서 그 가능성을 확인하기도 했지만 그 가능성은 수년 전, 노원구의 중소형 교회에서 몸부림치던 훈련의 결과이기도 하다. 나도 그때 교회교육 서적들을 접하면서 수없이 문턱을 느낀 기억이 있다. 저자들의 개인기, 저자들이 속한 대형 교회 환경은 넘을 수 없는 장벽으로 다가왔기 때문이다.

그 교회는 20년 가까이 오후 예배를 세대통합예배로 드리고 있었기에 나는 주일학교와 세대통합예배를 책임져야 했다. 교회교육의 한계를 극복하고자 매주 치밀하게 고민하고 부대끼던 시간은 '가능성'으로 자란 터였다. 그렇지만 그 고민들 역시 어느 날 갑자기 떨어진 것이 아니라 10여 년 전 유학 시절, 이민교회에서 싹을 틔운 씨앗이었다.

영국 북부 작은 도시 애버딘은 한인들이 많지 않았고, 예배에는 어린아이들을 포함해도 30명이 채 되지 않았다. 나이가 다른 어린이 5명과 어른들, 청년들이 함께 하는 구조라서 주일학교를 분리할 수도 없고, 전통적인 방식으로 예배를 진행할 수도 없었다. 그런 한계 상황을 극복하고 모든 세대가 공감하기 위해 할 수 있던 유일한 방법은 콘텐츠와 매뉴얼에 집중하는 것이었다. 이것이 바로 독자들을 향한 나의 진심이다.

우리의 의지와 간절함

20년 전 처음 중고등부를 맡았을 때 지금까지 교회교육을 담당하리라고는 생각조차 못했다. 나도 남들처럼 '승진'을 생각한 목회자였다. 그러나 작은 이민교회에서 교회교육의 씨앗을 발견했고, 노원구에서 이 씨앗을 키웠다. 대형 교회에서 그 가능성을 확신한 후 지금 이 책을 쓴다.

그런 까닭에 수많은 주일학교 교사들이 느낄 문턱이라는 부담도 공감한다. 그렇지만 역설적이게도 작은 규모였기에 내가 교회교육을 리셋할 수 있는 영향력이 많았다. 오히려 대형 교회는 나름의 시스템이 갖춰져 있지만 개개인이 무엇인가를 하기에는 제도적인 절차와 제약이 많아서 더 큰 문턱이 있다.

가장 중요한 것은 환경이 아니라 우리의 의지와 간절함이다. 그게 내 진심이다. 그런 까닭에 다음 세대의 공존(共存)을 위한 간절한 마음으로 '교회학교'라는 말 대신 '주일학교'라고 썼다. 교회학교는 장로교 교단에서 공식적으로 사용하는 명칭이고, 나도 장로교 교단의 적통을 자랑하는 목회자이다. 그러나 타교단과의 합집합을 만들 수 있다면 명칭은 얼마든지 바꿀 수 있다. 교단과 교파의 경계를 허물고 머리를 맞댈 때 다음 세대를 붙들 수 있는 가능성이 높아진다.

이 책을 구성하며

우리에게 소망이 있다. 아놀드 토인비(Arnold Joseph Toynbee)의 말처럼 역사는 도전과 응전의 연속이며, 우리는 시대의 도전에 응전하고 있다.

교회가 2천 년간 걸어온 발자취가 그 명확한 증거이자 소망이다.

이 책에서 주일학교가 직면한 도전에 대해 응전을 모색하며 역사와의 대화를 이어 나갈 것이다. 우리가 함께 고민하는 '응전'은 필자 개인의 생각이 아니라 교회사와 교육학자들이 제안하는 내용들을 퍼즐로 하나하나 모으면서 전체 그림을 완성하도록 구성했다. 분명히 우리는 미래가 불투명한 도전의 시대에 살고 있지만 지금이라도 응전을 통해 우리 스스로 주일학교의 무너진 성벽들을 재건해야 한다.

역사 속에서 지난날 교회들은 우리보다 더 거센 저항과 도전에 직면했다. 산업 혁명 시기였던 1780년, 공장의 굴뚝 속에서 인간의 존엄성이 상실되었을 때 주일학교가 만들어졌고 부흥 운동이 있었다. 중세 암흑시대가 사회를 덮었을 때 종교 개혁이 일어나지 않았던가. 수많은 평신도 한 사람 한 사람이 역사의 전환점을 만들어 왔다. 그런 역사를 생각한다면 우리가 직면한 도전은 하나님이 개입하시는 또 다른 이름이라고 확신한다. 그래서 응전을 할 수 있는 것이다.

이 책의 Part 1은 주일학교 문제점을 제시하고 우리 개인의 인식 전환에 대해 다뤘다. 개인의 시각이 변해야 비로소 공동체로 의지가 확대되기 때문이다. Part 2는 소극적인 자세 넘어 적극적으로 무엇인가를 해 볼 수 있는 방안을 모색했다. 우리가 주일학교를 디자인해 보고, 예배를 기획하고, 교사들의 역할을 나누며 콘텐츠를 우리 부서에 끌어올 수 있는 다양한 방법들을 소개했다. Part 2를 위해 수많은 교육 서적을 섭렵했고, 그것을 교회교육 현장에서 실험했다. 그렇게 얻은 실제적인 사례를 가지고 소통할 것이다.

그러므로 Part 1이 우리 개인의 매뉴얼이라면, Part 2는 부서의 매뉴얼이다. 그리고 Part 3은 실제로 사용할 수 있는 콘텐츠를 소개했다. 이 콘텐츠로서 누구든지 땅 짚고 헤엄치기를 하도록 도울 것이다.

이것을 독자들과 공유하기 위해서 유튜브 채널 〈교회교육연구소〉와 〈큐리랜드TV〉에 자료들을 수록해 놓았다. 교회교육연구소가 교사들을 위한 콘텐츠라면 큐리랜드TV는 아이들이 접할 수 있는 내용을 업로드했다. 관련 내용을 검색하면 다양한 콘텐츠를 접할 수 있도록 해당 QR코드를 넣었다. 각 교회마다 귀하게 사용할 수 있도록 의도했다.

팬데믹과 교회 침체 같은 우리가 처한 현실은 되돌릴 수 없다. 이 시기에 질문을 던져야 한다. 우리는 이 시기에 무엇을 배웠는가?[2]

---

2 앤드루 소벨, 제럴드 파나스/ 안진환 역, 『질문이 답을 바꾼다』(어크로스, 2012), pp. 168-177.

PART 1

한 사람이 변화시키는 매뉴얼

The

one

hurch school
manual that
rson changes.

주일학교는 지금 무엇을 요청하고 있는가? '왜'라는 물음으로 시작해서 주일학교의 유래와 성격, 그리고 교회교육에 대한 인식의 전환에 대해 언급하고자 한다.

어떤 결정권을 가지고 있지 않고, 예산 집행자가 아닌 우리가 바꾸고 개선할 수 있는 것은 무엇인가. 가장 먼저 아이들과 눈을 맞추고 소통하는 것부터 시작해야 할 것이다. 공과공부를 효율적으로 개선하는 일도 병행되어야 한다. 교육학을 전공하지 않았더라도 여기 몇몇 매뉴얼을 통해서도 가능하다. 변화의 시작은 우리부터 시작해야 한다.

우리 자신이 변화의 필요성을 어떻게 인식하는가에 따라 공동체의 성장과 변화를 말할 수 있다. 인식을 바꾸자. 그 과정 없이 제안하고 요청한다면 공감하고 대화하기보다 갈등과 대립을 가져올 수 있다. 내가 우리가 될 때 변화의 가능성은 높아진다.

1
주일학교의 근본적인 질문, WHY?

교회에서 주일학교 아이들은 어떤 의미인가? 1920년대 소파 방정환 선생에 의해 '어린이'라고 불리기까지 아이들은 덜 자란 어른에 지나지 않았다. 산업 혁명 시기에는 작은 노동자나 굴뚝 청소부, 광부라고 불리기도 했다.

지금 우리는 아이들을 어떻게 인식하는가? 아이들은 교회의 현존하는 미래다. 이보다 더 중요하고 가슴 뛰는 말이 또 있을까? 그렇다면 우리는 왜 주일학교를 고민하고 있는가, 왜 주일학교를 섬기고 있는가? 아이들을 위해 우리는 무엇을 남겨야 하는가?

'왜'라는 질문은 사명이다. 이 질문은 지금까지 주일학교를 섬기면서 배운 어떤 방법론이나 노하우보다 중요하다. 우리는 자신에게 얼마나 이 질문을 던지는가. 이 질문은 사명을 공감하게 하려는 것이다. 방법을 말하려는 것이 아니다. 사명을 알아야 목표와 방법이 생긴다.

주일학교에는 누구나 평생 남아 있을 수 없다. 주일학교 담당 교역자라고 해도 불과 몇 년 후에 그 부서를 떠나기 마련이다. 교사라고 예외일 수 없다. 사람이 떠나는 것처럼 아이들도 성장해서 떠난다. 그렇다면 남는 것은 무엇이고, 왜 남겨야 하는가?

중세를 남긴 인물, 샤를마뉴 대제

중세를 떠올리면 생각나는 것이 무엇인가? 마상(馬上) 시합, 암흑시대, 기사도 문학? 476년 게르만 용병대장 오도아케르에 의해 서로마 제국이 멸망당했다. 동로마 제국은 건재했지만 서로마 제국은 여러 게르만 민족에 의해 분열되었다. 저마다 권력을 잡아 왕이 되고자 했고, 권력자가 사라지면 후계자들이 그 자리를 노리는 역사가 반복되었다.

768년에 왕위에 올라 814년에 세상을 떠난 통치자는 그 이전의 권력자들과 사뭇 다른 행보를 보였다. 그는 '유럽의 아버지'라고 불렸던 샤를마뉴 대제였다. 그에 의해 고안된 제도, 그가 결정한 정책, 그의 영향으로 생긴 흔적들을 생각한다면 왜 그를 유럽의 아버지라고 부르는지 이해가 될 것이다.

샤를마뉴 시대의 프랑크 왕국은 오늘날 유럽을 형성하는 골격이 되었다. 프랑크 왕국에서 독일, 프랑스, 이탈리아가 형성된 것만 보아도 알 수 있다. 샤를마뉴는 흩어진 제도를 하나의 기준으로 재편해서 도량형을 통일했으며, 군제를 개편해서 기마병 중심으로 정비했다.

그밖에 학자들을 초청해서 학문을 장려했고, 이것은 대학의 기틀이 되었다. 그의 치세 기간에 AD와 BC라는 역사 인식이 유럽에서 보편화되었다. 또한 롬바르드족의 침략으로 인해 위기에 빠졌던 교황을 구해 준 대가로 교황이 샤를마뉴에게 대관식을 거행하면서 신성 로마 제국의 시작을 알렸다.

신성 로마 제국은 그로부터 1천 년간 유럽의 중심 국가가 되었다. 이렇게 황제와 교황의 관계가 형성되었고, 11세기 카노사의 굴욕 사건도 샤를마뉴에게서 기인한다고 할 수 있다.

샤를마뉴는 814년에 세상을 떠났지만 그가 남긴 흔적들은 유럽을 지배했고, 중세를 남겼다. 종전의 권력자들과 달리 그는 왜 권력을 가져야 하는지 그 목적을 알았던 인물이었다. 그는 권력을 통해 제도를 개선했고, 후세까지 자신의 영향력을 남겼다.

그런 까닭에 중세라고 할 때 떠올리는 많은 특징은 샤를마뉴 때 유럽에서 보편화된 것들이다. 한 사람은 역사의 무대에서 사라지지만 그 사람이 만든 제도는 두고두고 역사 속에서 존재감을 과시한다. 이것이 제도의 힘이다.

사람은 떠나도 제도는 남는다

샤를마뉴의 발자취를 이해하는 것이 이 책의 명확한 출발점이다. 우리가 조직을 떠나고, 무대에서 사라지더라도 우리가 남긴 제도는 그곳에 흔적으로 남기 마련이다.

← 독일 아헨 대성당에 있는 샤를마뉴 대제의 흉상

유럽의 아버지라고 불린 샤를마뉴 대제, 당시 프랑스 왕국은 유럽을 형성하는 골격이 되었다. 한 사람은 역사의 무대에서 사라지지만 그 사람이 만든 제도는 두고두고 역사 속에서 존재감을 드러낸다.

엄밀히 말해 주일학교는 오랜 방식이나 관행에 따라 운영된다. 우리가 주일학교에 소속된다면 우리 역시 그 부서가 그동안 운영해 온 방식에 따르게 되고, 우리가 그 자리를 떠난다고 해도 또 누군가가 그대로 이어받아 활동하게 될 것이다.

우리는 주일학교에 몸담고 있으면서도 주일학교가 왜 어떻게 시작되었는지 궁금해 한 적이 있었던가. 과연 우리가 왜 주일학교에 부르심을 받은 것인지 의문을 갖지도 않았다. 교사로의 부르심, 이것은 사명이다. 사명이라고 고백할 때 문제를 인식하고 방법과 방향을 질문할 수 있다.

공과공부를 어떻게 하고, 심방을 어떻게 하며, 아이들과의 소통은 어떻게 해야 할까? 주일학교 아이들을 위해 출석을 체크하고 정해진 공과공부를 하기에도 급급했을지 모른다. 그런데 어떻게 교사 스스로 사명이나 자신의 역량을 점검하고, 아이들의 눈높이에 따른 신앙 훈련을 고민할 수 있겠는가. 사명 없이 교사의 자질은 무색해진다.

왜?라는 질문은 방향을 만들고, 방법을 위해 제도를 필요로 한다. 그러므로 사명과 제도는 동전의 양면과 같다. 확고한 사명과 명확한 방향이 없었으므로 주일학교는 관행으로 움직여 왔고, 자연스럽게 방향을 상실해 오늘의 침체라는 악순환으로 이어졌다. 그러다 보니 한 사람의 교역자가 제시한 방침은 다음 교역자에 의해 폐기되기도 하고, 그 한 사람이 바뀌면 조직은 갈피를 잡지 못하고 원점으로 돌아가게 된다.

근본적인 질문은 우리들이 공감하고 대화를 통해 합리적인 제안으로 정착되어야 한다. 그렇지 않다면 고착화된 관행의 변화를 이끌어 내기까지 더 많은 시간과 노력이 요구된다. 설령 교사들의 열정이 높아지고, 교회 리더십의 관심이 늘어난다고 해도 그것이 주일학교의 동력으로 작용하기가 쉽지 않다. 자칫 기획하고 제안한 한 사람의 부담으로 부메랑이 되고 만다.

형식이 내용을 반영하는 그릇이라면 제도는 사명을 담아내는 나침반 이다. 사명은 마음에 존재하는 무형의 것이기에 보이지 않지만 제도는 담 당자가 떠나더라도 유형의 흔적으로 계속 남을 수 있다. 결국 교사로서의 사명을 조직 속에 남기는 흔적이 제도이고 매뉴얼이다.

현 시점에서 가장 시급한 것 중의 하나가 모든 주일학교가 보편적인 사명을 담아내는 제도와 매뉴얼을 남기는 것이다. 군대, 학교, 회사를 비 롯한 어떤 조직이든 구성원이 변한다고 해도 조직의 일관성이 유지되기 마련이다. 그것이 가능하도록 만드는 것이 바로 제도이다. 이처럼 형식 (매뉴얼)과 내용(콘텐츠)을 포함하는 제도의 힘은 결코 과소평가될 수 없고 되어서도 안 된다.

한 조직에서 제도의 유무는 대단히 큰 차이를 가져온다. 팬데믹을 거 치면서도 학교가 유지될 수 있었던 이유가 무엇이라 생각하는가? 교육 부에서 지정하는 이른바 진도라는 것이 있기 때문이다. 학원도 마찬가지 다. 피아노 배울 때를 생각해 보자. 보통 바이엘 다음에는 체르니라는 매 뉴얼이 있다. 어떤 피아노 교사가 가르치더라도 교사들의 실력은 다르지 만 방향에는 변함이 없다. 그것이 매뉴얼의 힘이다.

반면 주일학교는 어떠한가? 한 부서의 담당 교역자와 부장, 교사가 세 워지지만 합의된 매뉴얼이 없다. 따라서 한 부서는 개인의 생각과 취향에 좌우된다. 담당 교역자나 부장, 교사가 바뀌더라도 주일학교가 흔들림 없 이 유지되기 위해 매뉴얼은 반드시 필요하다.

매뉴얼을 만드는 것은 교회가 부서의 예산을 늘릴 때까지 기다린다거나 거시적인 담론을 이야기한다거나 뜬구름을 잡을 필요도 없다. 그저 부서가 개개인에 의해 좌우됨 없이 일관성을 가지고 아이들의 신앙교육을 일정하게 이끌어 가도록 유지할 수 있다는 유익이 있을 뿐이다.

제도를 구성하는 것은 매뉴얼뿐만 아니라 콘텐츠도 포함된다. 태권도든 피아노든 매뉴얼에 따라 다음에 배울 콘텐츠가 기다리고 있다. 그러나 주일학교에서는 연령에 따라 정해진 공과가 없다. 담당 교역자가 바뀌기 전까지 어느 정도 정해진 공과대로 진행될 수도 있지만 담당 교역자가 바뀌어 버리면 그마저도 유지하지 못하는 경우가 허다하다.

심지어 어떤 아이가 교회에 오더라도 예수님을 소개할 만한 마땅한 새가족 교재도 없다. 있다 해도 매년마다 개인이 공과 교재를 결정하므로 일관성을 가지고 지속되기 어렵다.

이 책을 보는 독자들은 부디 우리의 비가시적인 사명을 어떻게 가시적인 제도로 남겨서 부서를 유지할 것인지 고민할 수 있기를 바란다. 주일학교 20년이 아이들에게 어떻게 영향을 주느냐에 따라 캠퍼스의 3%가 될 수도 있고, 97%의 프리즌 브레이커가 될 수도 있다. 이것을 생각한다면 당장 우리가 시행해야 할 리셋은 제도의 힘을 갖추는 것이다.

세상을 바꾸는 질문, WHY?

1965년에 노벨 물리학상을 수상한 리처드 파인만(Richard Feynman)은 과학에서 관점을 바꾼다면 엄청난 결과를 도출할 수 있지만 대부분의 사람이 관점을 바꾸려 하지 않는다고 꼬집었다. 그러고 보면 역사는 당연한 것을 당연하게 받아들이지 않고 왜?라는 물음을 던진 사람에 의해 변화되어 왔다. 단순한 질문이 만유인력의 법칙이 되었고, 종교 개혁을 일으켰으며, 스마트폰을 탄생시켰던 것만 보더라도 알 수 있다.

그러나 주일학교는 어떠한가? 여전히 관행으로 움직이고 있고, 관행을 바라보는 관점을 바꿀 생각을 누구도 하지 않는다. 관점만 바꾸어도 많은 결과를 만들어 낼 수 있을 텐데 말이다.

주일학교의 관행에 왜?라는 질문을 던지고 관점을 바꿔 보자. 아이가 줄어드는 저출산은 위기이지만 바꾸어 생각해 보면 한 아이를 위한 관심과 투자를 늘릴 기회이기도 하다. 아이들의 올바른 신앙교육을 위한 투자는 지구 반대편으로 선교헌금을 보내는 것만큼이나 가치 있다.

신앙의 연륜을 자랑하는 목사, 장로, 권사와 같은 직분자들이 성지순례를 가지 않는다고 해서 타종교로 개종을 할까? 그렇지 않다. 하지만 청소년들은 어떨까? 그들은 성지로 보내지 않으면 개종할지도 모른다.

왜 우리는 주일학교를 섬기고 있는가? 물론 교사의 사명을 가지고 봉사하는 이들도 있겠지만 더러는 청년이라는 이유로, 자녀를 양육해 봤다는 이유로, 혹은 직업이 학교 교사나 학원 강사라는 이유로 '어쩌다 보니' 주일학교와 엮인 경우도 있을 것이다. 만약 후자 쪽에 속하는 교사라면 지금이라도 왜?라는 질문을 던져 보자. 그럼 무엇을 어떻게 할지 눈에 보이게 마련이다.

우리는 비대면 기간 동안 '하멜른의 피리 부는 사나이'를 직접 목격했다. 교회에서 아이들이 정말로 사라졌다. 수많은 목회자를 상대로 '팬데믹 시대에 가장 우려되는 것이 무엇인가?'라는 질문을 던졌을 때 1위를 차지한 응답은 아이들의 신앙 공백이었다.[3] 이런 시기일수록 스스로 왜?라는 질문을 확인하는 것이 중요하다. 왜 우리는 주일학교를 섬기고 있는가?

분당우리교회 이찬수 목사님이 주일학교 교역자들에게 던진 호소를 아직도 기억한다. 주일학교는 말씀과 기도로 변화되지 않는다는 의외의 메시지였다. 왜 우리가 주일학교를 섬기는지 그 질문이 없다면 말씀과 기도는 '방법'에 불과한 것이다.

다윗이 사자나 곰에게 맞설 수 있었던 것은 방법이 아니라 왜 양 떼를 맡고 있었는지의 문제였다. 그 대답이 명확했으므로 죽음을 각오하고 양 떼를 지킬 수 있었고, 골리앗에 대항할 수 있었다.

주일학교의 방법이 대안으로 가볍게 외쳐지는 시대다. 관점을 전환하고 질문을 바꾸자. 그럴 때, 시대의 거대한 골리앗 앞에서 우리의 눈에 새로운 '돌멩이'가 보이기 시작할 것이다.

누구나 주일학교를 리셋할 수 있다

주일학교를 바꾸는 요소는 환경과 조건에 달려 있지 않다. 바로 우리에게 달려 있다. 아이들과 직접 대면하고 영향을 주는 것이 바로 우리들이기 때문이다. 그렇다면 다음 세대를 가장 효과적으로 가르치기 위해서는 우리에게 맞추어 바꿀 수 있는 제도를 만들어야 한다.

---

3 조현, "목사, 99% 교회 내부 혁신 필요... 32.8% 주요 개혁 대상은 목회자", 한겨레, 2021. 01. 19, https://www.hani.co.kr/arti/society/religious/979363.html, 코로나 이후 우려되는 교회의 현실을 다룬 언론이 한겨레 외에도 많았지만 그 결과는 대동소이했다. 대부분 설문 조사에서 포스트 코로나 시대에 가장 우려되는 것은 다음 세대의 '신앙교육 문제'라고 답변했다.

제도는 우리와 무관한 교육학자가 만들어 주는 것이 아니다. 우리가 속한 부서의 목회자, 교사들이 함께 그 부서에 최적화된 제도를 만들 수 있다. 필요한 것은 교사들의 공감뿐이다. 주일학교의 제도를 변화시키는 일이므로 당회의 반대나 예산 집행에 대한 염려도 필요치 않다.

좀 더 쉬운 예를 들어 보자. 교육학계에 있어 연령별로 아이들을 어떻게 가르쳐야 할지, 어떤 특징이 있으며 어떤 식으로 접근해야 할지 등 연령별 발달 특징에 대해 아는 것은 기본 중의 기본이다. 다양한 연령대의 아이들을 가르쳐야 하는 주일학교 교사들도 숙지하고 있어야 할 내용임에 틀림없다.

하지만 교회교육 현장에서의 경험을 떠올려 보면 이런 교육학 연구를 생소하게 여기는 교사들이 많다. 게다가 교육학 연구 결과와 기본적인 지식들은 교회로 들어오는 순간 무익한 어떤 것으로 간주된다. 이런 교육 결과를 무시하고 '말씀과 기도'만 외치는 것이 '믿음'인지는 모르겠다.

기억을 떠올려 보자. 아직 의사소통이 어려운 4세 아이들이나 한창 활발하게 움직일 7세 아이들에게 예배 자세와 태도를 배우게 한다는 명분을 내세워 조용히 할 것을 가르치고, 행동을 자제시키지 않았는가. 이것이 올바른 신앙교육의 일환이라면서 익숙하게 인식하지는 않는가.

이것이 주일학교 전반에 흐르는 보편적인 정서다. 한 걸음 더 나아가 주입에 가까운 방식으로 성경을 암송하게 하여 틀림없이 따라하면 마치 믿음이 성장한다고 확신하지는 않았는가. 몇 번을 외우고도 똑같이 따라하지 못하는 아이는 급기야 울먹이며 성경 구절을 외우기도 했으리라.

이런 방식의 교육을 강요하는 것은 어른들의 만족에 지나지 않는다. 아이들의 입장에서는 엄청난 스트레스 상황일 수 있다. 하지만 현장의 정서가 이렇다 보니 교회 내에서 기도회와 성경 공부 외에 연령 발달을 운운하거나 교육학적 가치를 언급하는 것은 신앙교육과 배치되는 것처럼 느껴져 괜스레 조심스러워질 때가 있다.

교육학적 내용을 알고 있는 일부 교사들은 이런 분위기 탓에 교회에서는 굳이 입을 열려고 하지 않는 경우도 있다. 정서적으로 공감되지 않으니 이런 내용을 제도화하는 것은 요원해 보인다.

나는 이런 역할은 현장의 고민을 대변하면서도 주일학교 현장에 있었던 나와 같은 교역자들이 짊어져야 하는 몫이라고 믿는다. 그렇기에 이 내용을 독자들과 소통해서 담론으로 만들고자 하는 것이다.

'1만 시간의 법칙'을 아는가? 어떤 분야의 전문가가 되려면 최소한 1만 시간을 투자해야 한다는 법칙이다. 나는 10년 넘게 교회교육 현장에 있었고, 기독교 대안학교에서 신앙교육을 하고 있다. 덕분에 교회교육을 위해 탐독하고 연구한 시간이 1만 시간을 족히 넘는다.

뿐만 아니라 교육과 관련된 책들을 읽으며 매 순간 '주일학교라면 어떻게 적용할 수 있을까'라는 물음을 던지면서 이 책 『리셋 주일학교』를 준비해 왔다. 혹독한 과정을 통해 교육학자들의 생각을 모으고 정리한 내용 역시 이 책에 담겨 있다. 어쩌면 그 내용이 익숙해 반가워할 독자들이 있을지 모른다. 만일 그 내용이 생소하다면 주일학교가 그만큼 교육 분야에서 뒤쳐졌다는 반증이다.

독자들이 주일학교 변화를 위해 이 책 내용을 동의하고 공감한다면 당장 하나하나 제도를 바꿔 보자. 이것이 현장에 정착된다면 인력과 예산의 변화 없이도 교사들이 제도의 힘을 만들어 낼 수 있는 방향들을 따라 하면 된다. 교사 한 사람이 마중물이 될 수 있다고 믿는다.

주일학교의 인재상을 생각하라

스스로 왜?라고 질문하게 되고 제도 개선의 필요성이 명확해졌다면 한 사람이 부서를 바꿀 수 있는 실천 매뉴얼이 담긴 이 책을 좀 더 꼼꼼하게 살펴볼 수 있는 동력을 얻은 셈이다.

앞선 질문에 이어 정말 중요하게 생각해 볼 질문이 한 가지 더 있다. 우리가 섬길 다음 세대에 대한 분명한 '인재상(人材像)'을 가지고 있는가? 교회에 오는 아이들에게 우리가 바라는 인재상은 무엇인지 솔직하게 답해 보자. 구체적이면 구체적일수록 좋다.

부서원과 함께 나눠 보기를 바란다. 우리 부서가 양육하려는 아이들이 구체적으로 어떤 모습이 되기를 원하는가? 이러한 논의를 현장에서 구체적으로 공론화했다는 것은 지금껏 보지도 듣지도 못했다. 하지만 생각해 보라. 담당 교역자와 교사들이 저마다 생각하는 인재상이 다른데 어떻게 주일학교의 목표와 제도가 명확해질 수 있겠는가.

내 경험에 따르면 주일학교 교역자와 교사들이 가장 기뻐했던 때는 '오늘 평소보다 몇 명이 더 나왔다'는 통계를 접했을 때다. 100명 출석하는 부서에서 그날 120명이 나왔다면 마치 천국에서 큰 상급을 얻게 될 것처럼 의기양양해진다. 반대로 80명 이하로 줄어들면 온 부서의 교사는 마치 무능력한 교사가 된 것처럼 의기소침해진다. 100명의 평균 출석이 저출산의 영향으로 이듬해에 60명이 된다면 말할 것도 없다.

이런 주일학교라면 이 부서의 인재상은 꼬박꼬박 주일에 출석하는 어린이다. 아마도 대부분 교회의 인재상은 출석과 무관하지 않을 것이다. 주된 논의 대상도 출석에 머무르는 경우가 많으리라. 만약 주일학교의 담당 교역자와 교사들이 모인 자리에서 아이들의 인재상을 한 번도 공유하지 않았다면 그 부서는 관행으로 유지했을 가능성이 높다고 볼 수 있지 않을까?

배가 아무리 나침반과 돛을 가지고 있다고 해도 목적지가 없다면 그것은 항해가 아니라 표류일 뿐이다. 정확한 인재상이 없는 주일학교는 목적지 없이 표류하는 배와도 같다. 부서에 필요한 장소와 재정이 확충되고, 전임 교역자 배치에 교육 철학까지 공유된다고 한들 정확한 인재상이 없다면 그 주일학교는 시간이 지나도 기대치가 생길 리 없다.

중요한 것은 방향이다. 이를 고민해 보고 부서의 교사들과 이야기해 보자. 우리 교회, 우리 부서의 아이들은 어떤 모습으로 성장하기를 원하는가? 우리를 통해 아이들은 어떻게 변화되기를 원하는가? 서로 질문할 수 있다면 비로소 무엇을 변화시켜야 하는지 눈에 들어오기 시작할 것이다.

바벨탑 세상에서 주일학교를 구하라

우리는 타임머신을 타고 갈 수 없지만 역사와 예술과 문학을 통해 그 시대를 엿볼 수 있다. 5백 년 전 화가였던 피테르 브뢰헬(Pieter Bruegel the Elder)은 종교 개혁을 수용했던 플랑드르, 즉 오늘날 네덜란드와 벨기에 사이의 지방에서 태어나고 활동했다. 영어로는 '플랜더스'라고 한다.

플랑드르보다 플랜더스가 더 익숙한 이유는 위다(Ouida)의 작품 『플랜더스의 개』덕분이다. 만화 속 주인공 네로가 그토록 보고 싶어 하던 루벤스의 그림은 플랑드르의 중심 도시 안트베르펜 대성당에 걸려 있었고, 그

피테르 브뢰헬 〈바벨탑〉

세상은 돈을 숭배하고, 하나님을 대적하는 탐욕의 탑을 하늘 높이 쌓아 가고 있다. 문제는 당시 종교 개혁을 외쳤던 루터파와 칼뱅파 성직자들마저 바벨탑의 기준에 굴복하며 살아 가고 있었다. 브뢰헬은 그림을 통해 이를 폭로하고 있다.

도시가 바로 브뢰헬이 활동하던 곳이다.

플랑드르는 영국, 프랑스, 스페인의 침공을 자주 받은 약소 국가의 서러움을 가지고 있었고, 칼뱅교(장로교)의 영향이 우세했던 지역이었다. 물론 브뢰헬은 누구보다 충실하게 종교 개혁의 정신을 그림에 표현한 화가로 알려져 있다.

브뢰헬의 가장 유명한 그림은 누가 뭐라고 해도 〈바벨탑〉(1563)이다. 브뢰헬은 모르더라도 그 그림은 본 적이 있을 것이다. 브뢰헬은 〈바벨탑〉에 유럽의 아버지 샤를마뉴를 등장시킨다.[4] 바로 왼편 하단 부분에 바벨탑을 건축하게 하는 인물, 니므롯의 역할을 샤를마뉴가 담당하고 있다.

성경에서 바벨탑은 시날 평지에 세워졌고, 하나님을 대적하기 위해 쌓아 올린 탑이었다. 이 탑은 꼭대기에 구름이 가득한 것으로 봐서 탑이 하늘에 닿은 것을 표현한다. 그러나 탑의 밑 부분을 살펴보면 어딘지 익숙한 건축물처럼 보인다.

젊은 시절, 혈혈단신(孑孑單身)으로 알프스를 넘어 로마를 직접 방문했던 브뢰헬의 기억을 토대로 바벨탑 하부를 콜로세움으로 표현하고 있다. 종교 개혁의 정신을 대변하기라도 하듯이 당시 로마 가톨릭의 오만함이 구름까지 솟구쳐서 하나님을 대적하는 메시지를 담아내는 듯하다.

로마 가톨릭의 충실한 심복이었던 합스부르크 가문이 침공을 했기에 플랑드르에 세워진 콜로세움 모양의 바벨탑은 위험천만한 시도였다. 그래서 왼편 하단의 대리석 속에 그의 서명을 슬며시 숨겼다. 그는 정치, 종

---

4 페테르 빈터호프 슈푸르크/ 배명자 역, 『바벨탑에 갇힌 세계화』(21세기북스, 2010) pp.33-57

교적인 핍박 속에서 목숨을 걸고 이 그림을 그렸다.

　그렇지만 브뢰헬은 로마 가톨릭만을 겨냥한 것은 아니다. 비록 바벨탑을 콜로세움처럼 그리고 있지만 탑이 서 있는 곳은 성경의 시날 평지가 아니다. 누가 봐도 장소는 브뢰헬이 살았던 안트베르펜이다.

　안트베르펜은 플랑드르의 중심 도시이며, 무역으로 인해 경제가 급격히 성장했으므로 북해의 중심 항구 도시로 도약했다. 북유럽에서 가장 많은 물류가 안트베르펜 항구를 통해 드나들었고, 활발한 경제 교역이 이루어지고 있었다.

　이런 까닭에 안트베르펜은 세계에서 가장 빨리 금융 산업을 발달시켰다. 증권거래소가 역사상 가장 먼저 이 도시에 설립되었고 무역 회사, 은행, 보험 회사들이 들어서기 시작했다. 세계 각국의 공관들이 이곳에 세워졌던 시기가 16세기다. 이런 영향으로 인해 안트베르펜은 곳곳마다 외국어 소리가 넘쳐났을 것이다. 알아들을 수도 없던 언어들은 아마 바벨탑을 떠올릴 수 있는 배경이었으리라 짐작한다.

　브뢰헬의 진심은 44쪽 그림 왼편 하단에 있다. 니므롯의 역할을 한 인물의 얼굴은 유럽의 아버지 샤를마뉴로 표현되었다. 유럽의 모든 제도를 샤를마뉴가 세웠기 때문이다. 흥미로운 것은 왕 주변에 있는 사람들이다.

　노란 옷과 빨간 부츠를 신은 인물은 네덜란드의 귀족을 상징하고, 왕의 뒤에 회색 옷을 입고 침묵하는 인물은 성직자를 나타낸다. 그의 옆에서 굽신거리면서 열심히 바벨탑 건축을 설명하는 건축업자는 신흥 부르주아 계급을 암시한다.

　그 앞에 납작 엎드린 두 사람이 보이는데 당시 사람들이라면 누구나 아는 복장이다. 흰 옷을 입은 사람은 루터파 성직자이고, 검은 옷은 칼뱅파 성직자다. 모두가 권력과 물질 앞에 엎드려 있다.

이것이 브뢰헬의 눈에 비친 당시의 현실이다. 세상은 돈을 숭배하고, 하나님을 대적하는 탐욕의 탑을 하늘 높이 쌓아 가고 있다. 문제는 종교 개혁을 외쳤던 루터파와 칼뱅파 성직자들마저 바벨탑의 기준에 굴복하며 살아가고 있었다. 브뢰헬은 그림을 통해 이를 폭로하고 있다.

우리가 생각하는 부흥의 기준은 무엇인가? 주일학교에서 말하는 최고의 가치는 무엇일까? 양적 성장과 물질적 획득을 부흥이라고 생각하는지도 모르겠다. 오늘날 교회가 인식하는 가치의 기준들이 바벨탑의 잣대와 크게 다르지 않아 보인다.

아이들이 살아가는 세상은 숫자가 평가 기준이 된다. 숫자로 이루어진 점수와 내신이 곧 아이들에게 가치를 부여한다. 이런 세상에서 아이들은 어떤 대학에 진학했느냐를 믿음과 기도의 결과로 착각하기도 한다. 아이들을 둘러싼 환경과 조건이 교회에서도 예외가 아니다. 교회는 어떻게 세상과 구별될 수 있으며, 바벨탑의 세상에서 살아가는 아이들을 어떻게 구할 수 있을까?

브뢰헬은 바벨탑의 절망적인 현실만 언급한 것이 아니라 나아갈 방향도 분명하게 제시하고 있다. 왕의 주변에서 굽신거리는 사람들에 아랑곳하지 않고 맨 왼편에서 관객을 향해 소리를 지르는 사람이 있다. 빨간 옷을 입고 우리를 보며 어디론가 손짓으로 가리킨다. 그가 가리키는 손짓은 그림 밖을 향해 있다.

대리석 위에는 뜬금없이 바구니와 병이 놓여 있다. 종교 개혁 시기에 바구니와 병 속에는 무엇이 들어있으며, 이것이 무엇을 상징하는지 아는가? 이 속에는 빵과 포도주가 들어 있으며, 보이는 말씀인 성만찬을 상징하는 것들이다.

브뢰헬은 이 시대에 딱 들어맞는 메시지를 제시한다. 혼란한 시기일수록 종교 개혁에 충실했던 평신도 화가는 본질로 돌아갈 것을 관객들에게 말하고 있다. 그가 말하는 본질은 구체적으로 무엇일까? 평신도 화가가 제안하는 것이라면 우리들 한 사람이 행동으로 옮길 만한 제안이 아닐까? 최초의 주일학교는 본질을 어떻게 구체적으로 표현했고, 행동으로 옮겼을까?

2

주일학교 존재 목적

2006년, 청년들을 인솔해 영국으로 비전 트립을 다녀왔다. 도착한 곳은 1780년에 역사상 최초의 주일학교가 열린 글로스터(Gloucester)의 성 메리 교회(St Mary de Crypt)다. 그곳에서 5분 거리에는 글로스터 대성당이 있다. 영화 〈해리 포터〉 촬영지로 유명한 곳이지만 청년들 마음속에 남은 것은 해리포터가 아니라 최초의 주일학교가 준 감동이었다.

글로스터 대성당에서 청년들과 함께 한국 교회의 무너진 주일학교와 다음 세대를 위해 눈물을 흘리며 기도했다. 당시 나는 청년들을 담당했고, 대개 그렇듯이 청년부를 거쳐서 승진하리라고 생각했다.

그러나 그때 기도가 씨앗이 되고, 전환점이 되어 교회교육에 매진하게 되었고, 지금 이 책을 집필하고 있다. 헛된 기도란 없는 법이다. 그때 기도처럼 지금도 그 마음이다. 부디 1780년, 최초의 주일학교가 이루었던 기적이 다시 한번 선명하게 나타나기를 소망한다.

농민의 화가가 던지는 본질

〈바벨탑〉에서 브뢰헬이 관람객을 향해 던지는 메시지는 빵과 포도주, 즉 보이는 말씀을 통해 본질로 돌아가라는 호소다. 말씀으로 돌아가는 것이 종교 개혁 정신이었다.

지금도 우리는 바벨탑의 세상 속에 살고 있다. 권력자들 주변에 납작 엎드렸던 성직자들의 모습처럼 우리를 주도하는 가치관들도 그들과 다르지 않다는 것을 인정할 수밖에 없다. 브뢰헬은 우리에게 무엇을 말하고 있는가? 본질로 돌아간다는 것은 무엇인가?

브뢰헬의 〈바벨탑〉이 그의 가장 유명한 그림이라면 〈농민의 결혼식 (1568)〉은 브뢰헬의 인생 그림과도 같다. 사실 브뢰헬이 '농민의 화가'로 불린 것은 그가 농민 출신이기 때문이 아니다. 그는 늘 농민들을 마음으로 품었다.

브뢰헬의 전기 작가 카렐 반 만데르(Carel van Mander)에 의하면, 그는 농민들을 가까이에서 더 세심하게 관찰하기 위해 그들의 옷을 입고 결혼식이나 잔치에 찾아가곤 했다고 한다.

16세기에 농민들을 마음에 품었다는 것은 취향이 아니라 인격이다. 요즘 시대에는 귀농(歸農)을 하기도 하고, 취미 삼아 텃밭을 가꾸거나 주말 농장을 운영하기도 하지만 그 당시에 농민들을 마음에 품었다는 것은 그가 진정한 그리스도인이 아니라면 할 수 없는 행동이다.

피테르 브뢰헬 〈농민의 결혼식〉

신분의 고하와 관계없이 어린아이, 심지어 개 한 마리까지 잔
치를 즐기는 모습이다. 성만찬이 형식이 아닌 일상에서 하나님
의 이름으로 나누는 모든 식탁 교제라 이해한 것이리라.

엄격한 신분 사회에서 하층민들을 주목하고, 관찰한다는 것은 인격이지 취향일 수 없다. 누구보다 종교 개혁의 정신을 그림에 표현했던 신앙인이라면 농민의 화가라는 별명은 그의 믿음을 반영하는 영광스러운 호칭이다. 신분제 사회에서 농민들을 향해 마음을 낮춘 것은 하나님의 아들로서 친히 우리를 향해 신분을 낮추신 예수님을 닮으려는 모습이기 때문이다.

앞의 그림은 전형적인 농민의 결혼식이다. 결혼식이라고 해서 장소가 화려한 예식장이나 교회가 아니다. 벽면에 지푸라기가 걸려 있는 것으로 봐서 이곳은 창고다. 하인들이 음식을 나르는 도구는 떼어 낸 문짝이다.

이 그림이 그려졌던 16세기에는 레오나르도 다빈치(Leonardo da Vinci)가 그린 〈최후의 만찬〉의 영향을 받아서 같은 제목으로 그린 그림만 수천 점에 이른다. 〈농민의 결혼식〉의 구도와 원근감, 균형감 등을 보면 레오나르도 다빈치 작품의 영향을 받은 흔적들이 보인다.

그러나 브뢰헬의 인격을 볼 수 있는 것은 잔치에 참석한 사람들이다. 그림 맨 앞에는 어린아이가 앉아 있고, 음식을 나르는 하인들이 그림의 중앙을 차지한다. 하층민들에게 가장 시선을 집중하고 있는 것이다. 잔치를 즐기는 사람들 중에도 어린아이가 있고, 심지어 개 한 마리도 식탁 아래에서 자기도 하객인 것처럼 머리를 내밀고 있다.

브뢰헬의 의도를 생각하면 가슴이 뜨거워진다. 젊은 시절 이탈리아를 방문했던 브뢰헬이라면 〈최후의 만찬〉을 염두에 두고 〈농민의 결혼식〉을 그렸을 것이다. 따라서 그는 성만찬을 교회에서 예전(禮典)으로 하는 형식이 아니라, 일상에서 하나님의 이름으로 나누는 모든 식탁 교제로 이해하고 이렇게 그림을 그렸으리라.

이것이 우리가 추구하는 주일학교의 본질이다. 주일학교는 한 시간 동안 진행되지만 일상을 바라보며 모든 삶이 예배라고 선포하며 보내는 것이다. 우리가 붙잡는 1시간은 교회를 벗어나 일상으로 돌아간 168시간을 위한 시간이다. 그것이 주일학교의 존재 목적이다. 성만찬이 삶 속으로 확장되지 않으면 교회는 형식만 남는다. 우리는 어떤 본질을 추구하고 있는가?

최초의 주일학교를 찾아서

런던 임방크먼트 지하철역에서 나오면 정면에 템스 강이 보인다. 강을 바라보며 왼쪽으로 걸어가면 빅토리아 임방크먼트 공원이 나온다. 이 공원에는 영국 역사에서 내가 가장 좋아하는 두 사람의 동상이 서 있다. 1780년에 역사상 최초의 주일학교를 일으켰던 로버트 레이크스(Robert Raikes)와 영어 성경을 번역했던 윌리엄 틴데일(William Tyndale)이다.

윌리엄 틴데일이 없었다면 킹 제임스 성경과 셰익스피어는 없었다고 학자들은 입을 모은다. 그가 번역한 성경의 어휘들이 킹 제임스 성경과 셰익스피어 문학에 흡수되었기 때문이다. 평신도 틴데일이 바꾼 역사의 흔적이 이렇게 크다.

로버트 레이크스 역시 평신도다. 그가 1780년에 일으킨 주일학교는 30년 만에 전 세계로 확산되었고, 한 세기가 지난 후 영국 전역의 아이들은 주일학교를 직간접적으로 경험하게 되었다. 틴데일 없는 영어의 역사를 논하기 어렵듯이 레이크스 없이 영국의 부흥 운동을 논하기 어렵다.

1780년 최초의 주일학교는 틴데일과 레이크스를 축으로 하고 있다. 로버트 레이크스는 주일학교라는 형식(제도)을 만들었고, 교육 내용(콘텐츠)은 영어 성경을 주 교재로 삼았다. 주일학교의 본질은 성경 교육이다. 성경이 빠진다면 더 이상 교회교육일 수 없다. 1780년에 시작된 주일학교의 본질은 무엇이며, 우리는 어떻게 그 원형을 회복할 수 있을까.

앞서 말했듯이 영국 서부에 글로스터라는 도시가 있고, 구시가 중심부 근처에 성 메리 교회가 있다. 레이크스는 이 교회에서 유아 세례를 받았고, 성장했다. 그는 성장한 후 '글로스터 저널'이라는 신문사 편집자가 되었다.

그가 살았던 18세기의 영국은 해가 지지 않는 나라였다. 세계를 호령하던 대영 제국의 영광은 노예 무역과 노동자들의 피땀으로 세워진 바벨탑이었다. 산업 혁명 시기에 영국은 거대한 공장과 같았다. 주일학교가 시작되었던 1780년은 윌리엄 윌버포스가 노예 무역을 폐지하기 위해 국회에서 첫 연설을 했던 1789년보다 거의 10년 전이다.

산업 혁명 시기에 아이들은 하루에 무려 16시간 동안 공장에 동원되었다. 19세기가 되어서야 영국 국회에서는 16시간 노동을 철회하자는 법이 발의되었다. 그렇다면 1780년 무렵, 아이들이 어떤 환경에 노출이 되었는지 우리는 도저히 상상하기 힘들다.

아이들은 기계의 부속품이었다. 몸집이 작기 때문에 굴뚝 청소나 탄광으로도 동원되었다. 그 당시에 어린이라는 개념이 있을 리 없었고, 덜 자란 어른이었던 아이들은 영양실조, 비위생, 진폐증으로 세상을 떠나는

←

성 메리 교회

역사상 최초의 주일학교가 시작되었던 영국 글로스터의 성 메리 교회다. 이곳에서 시작된 주일학교는 30년 만에 전 세계로 확대되었다. 주일학교는 한 명의 평신도에 의해 시작되었다.

경우가 허다했다. 어린이들이란 자본가들의 소모품일 뿐이었다. 1780년의 어린이들이 살았던 환경을 종합하면 이렇다.

- 6일간 매일 16시간 노동에 동원되었다.
- 어린이들은 기계의 부속품에 불과했다.
- 대부분 아이들은 문맹이었다.
- 아이들의 가치란 경제적 수치로만 평가되었다.[5]

1780년과 21세기의 주일학교

1780년과 현대의 아이들이 겪는 현실은 다르지만 핵심은 비슷하다. 1780년의 아이들이 공장의 부속품이었다면 21세기의 아이들은 빅 데이터의 부속품이다. 모두 바벨탑 속에서 살아가는 것은 매한가지다.

아이들이 16시간 동안 노동을 했던 것처럼 현대의 아이들은 학업과 스마트폰에 영혼이 빼앗긴 채 살아가고 있다. 1780년에 아이들 대부분이 문맹이었다면 현재 아이들에게는 문해력(文解力)이 없다.

1780년 영국에 공교육이 없었다면 21세기의 공교육은 기능을 거의 상실했다. 19세기가 되어서야 빈민 학교가 보편적으로 자리를 잡았으니 1780년에 공장에 동원된 아이들이 학교에 보내졌을 리가 없다.[6]

---

5   찰스 디킨스의 『어려운 시절』에 나오는 '숫자'라는 의미에서 영감을 받았다. 지금도 아이들은 성적이라는 숫자, 등급과 지능이라는 숫자를 통해서만 가치를 인정받기에 예나 지금이나 크게 다르지 않다.

반면 이 시기 부유한 가정에서는 명사(名士)들에게 거액을 제공하며 사교육을 시켰고, 해외의 명사들을 만나게 했던 이른바 그랜드투어라는 조기 교육을 경험하게 했다. 이들과 공장이나 탄광에서 어린 시절을 보낸 아이들의 신분이 바뀌기란 불가능에 가까웠다. 18-19세기에 개천에서 용이 나기 어려웠던 이유다.

팬데믹 속에서도 우리는 비슷한 현상을 경험했다. 학교가 비대면으로 전환되면서 온라인 수업이 배움의 유일한 통로가 되는 아이들이 있는가 하면 이것을 기회로 삼아 사교육을 더 활발하게 누리는 아이들도 있다. 그럼에도 불구하고 학교는 커리큘럼에 따른 진도가 작동했다. 학교에는 교육부에서 전해지는 지침이 있었기 때문이다.

반면 팬데믹 기간에 교회교육에는 제도와 지침이 부족하다는 것을 뼈저리게 경험했다. 대형 교회는 어떻게 해서라도 위기를 극복할 수 있는 여력이 될는지 몰라도 인력과 여건이 되지 않아 문을 닫을 수밖에 없었던 교회가 수천 개에 이른다.

팬데믹이 과연 아이들의 신앙에 어떤 생채기를 남겼을지 두렵다. 그래서 사사기 2장 10절이 떠오른다.

> 그 세대의 사람도 다 그 조상들에게로 돌아갔고, 그 후에 일어난 '다른 세대'는 여호와를 알지 못하며 여호와께서 이스라엘을 위하여 행하신 일도 알지 못하였더라 (삿 2:10)

---

6   역사적으로 17세기에 기독교 단체에서 운영하던 자선 학교들이 시작되었다. 그러나 공립 학교가 우리나라의 의무 교육처럼 보편화된 것은 19세기 이후다.

다음 세대는 급격히 '다른 세대'로 변모 중이다. 찰스 디킨스의 『어려운 시절(Hard Times)』의 한 대목처럼 모든 아이에게 가치는 숫자로 환산된다. 성적, 등급, 점수 등의 숫자가 아이들의 품질을 결정하는 세상이다. 조회 수, 구독자 수, 팔로워 수가 아이들이 지향하는 가치가 되었다. 아이들이 반응하는 것은 감동이 아니라 '좋아요'라는 클릭 숫자다. 드라마의 가치는 시청률이고, 영화의 가치도 누적 관람객 숫자다.

이런 현실은 생텍쥐페리의 『어린 왕자』 한 대목을 떠올리게 한다.

> "어른들은 빨간 벽돌로 된 제라늄 꽃이 핀 집에서 산다고 하면 그러려니 하고 생각하지만 10만 프랑짜리 집에 산다면 비로소 감탄하기 시작한다."

우리는 지금 무엇에 감탄하고 있으며 무엇을 부러워하고 있는가. 우리의 가치가 세상과 다를 바가 없는데, 어떻게 다음 세대가 다른 세대로 변하는 것을 막을 수 있을까.

산업 혁명 시기에 웨슬리 형제(Charles Wesley & John Wesley)와 조지 휫필드(George Whitefield)는 영국과 미국에 대각성 운동을 일으켰다. 청년 윌리엄 캐리(William Carrey)는 인도에 복음의 씨앗을 뿌렸다. 로버트 모리슨(Robert Morrison)은 중국에서 죽을 때까지 선교사로 살다가 중국에서 잠들었다. 데이비드 리빙스턴(David Livingstone)은 중국 선교사로 가고 싶었지만 그것이 좌절되자 아프리카로 방향을 바꾸었고, 아프리카에 대한 유럽 사람들의 인식을 바꾸었다.

이렇듯 이 시기의 영국은 세계 곳곳으로 선교사를 보내며 세계 복음화를 외쳤던 나라였지만 6일간 공장에 동원된 아이들이 주일에는 갈 곳이 없었다는 현실은 우리에게 여러 가지를 생각하게 한다. 세계 복음화를 외치던 영국 교회는 누구를 위한 교회였을까.

한국 교회는 세계에서 가장 많은 선교사를 파송하는 나라 중 하나다. 세계에서 가장 큰 대형 교회들은 우리나라에 몰려 있고, 해외로 선교 자금을 보내는 규모는 상상을 초월한다. 그러나 30년간 주일학교에서 바뀐 것은 공과공부 표지 밖에는 없다는 우스갯소리가 나올 정도라면 한국 교회는 누구를 위한 교회이며, 미래를 어떻게 대비하는 것인지 안타깝다.

주일학교는 역사적으로 1780년에 시작되어 1788년에 영국에서 30만 명의 아이들이 주일학교에 참여했다. 로버트 레이크스가 세상을 떠난 1811년에 주일학교는 대서양을 건너 미국 전역에 확대되었다.

1831년에 영국 인구의 25%가 주일학교 교육을 받았고, 1910년에는 무려 5백만 명의 아이들이 영국 교회의 주일학교에 출석하고 있었다. 여기서 25%라는 숫자는 우리에게 낯설지 않다. 1천만 성도와 인구 25%가 기독교라는 통계가 친숙해서일 게다. 만일 주일학교가 없었다면 한국 교회의 25%라는 비율이 가능하긴 했을까.

현재는 과거를 기반으로 한다. 주일학교가 침체되기 시작한 과거는 현재의 결과로 나타난다. 현재를 개선하지 않는다면 단언컨대 미래는 없다. 팬데믹을 거치며 한국 교회는 사회 속에서 현재의 민낯이 드러났다. 한국 교회의 미래를 갈망한다면 다음 세대부터 개선해야 한다. 다만 이를 위한 뚜렷한 움직임이 미비하다는 현실이 미래를 더 암울하게 한다.

양화진외국인선교사묘원에 가면 로버트 하디(Robert A. Hardie) 선교사

←
양화진에 있는 원산 영적대각성운동 기념비

영적대각성운동이나 평양 대부흥운동은 부흥의 흔적이었고, 여전히 갈망하는 대상이다.
그러나 과연 팬데믹을 통과한 세대들에게도 현재진행형일까? 현재를 개선하지 않는다면
단언컨대 미래는 없다.

가 주도한 1906년 원산 영적대각성운동 기념비를 볼 수 있다. 기성세대에게 이 영적대각성운동과 1907년 평양 대부흥운동은 '부흥'의 흔적이었고, 여전히 갈망하는 대상이다.

2007년에 평양 대부흥운동 100주년을 보낸 우리에게 부흥운동은 현재진행형이라고 믿었다. 그러나 팬데믹을 통과한 세대들에게 1906년의 대각성운동이란 단어는 먼 옛날, 마치 비문이나 고문서에 흔적으로만 남아 있는 역사의 파편이지 않을까 짐작한다.

그렇지만 아직 우리에게 소망이 있는 것은, 다음 세대를 위해 지푸라기라도 잡는 심정으로 기도하는 그루터기 같은 독자들이 있기 때문이다. 그래서 우리는 모닥불을 큰 불로 만들 수 있다는 희망을 갖고 있다.

주일학교의 원형

앞서 말했듯 1780년대 아이들은 6일간 노동에 동원되었다가 주일이면 쏟아져 나오는 통에 길거리가 지저분한 몰골의 아이들로 가득 찼는데 영국 전역이 비슷한 모습이었다. 로버트 레이크스 이전에도 주일학교의 형태가 존재하긴 했지만 제도화된 주일학교의 공식적인 시작은 1780년이다.[7]

로버트 레이크스는 주일마다 글로스터 감옥 주변, 공장의 그을음으로 뒤덮인 골목마다 아이들이 가득한 것을 목격했다. 그 아이들은 교회의 손

7 ____ 위키피디아 백과사전 참고

길이 미치지 못하는 곳에서 영양실조, 진폐증, 과로, 세균 감염으로 죽어가고 있었다.

이런 상황에서 그가 일으킨 주일학교 운동은 불과 몇 년 만에 그 영향력이 영국 전역을 넘어 세계로 확대된다. 레이크스는 다음 세 가지에 중점을 두었다.

- 언론을 통해 주일학교의 필요성을 알렸다.
- 아이들이 가장 필요로 하는 것부터 시작했다.
- 뜻을 함께 하는 사람과 힘을 합쳤다.

언론인이던 그는 매체를 통해 주일학교 사역을 알리기 시작했고, 주일학교의 파급력은 빠른 속도로 확산되었다. 당시 누구나 영국의 현실을 경험했지만 위기를 기회로 바꾼 것은 레이크스가 유일했다.

그는 아이들에게 가장 필요한 것이 무엇인지 알았다. 아이들이 글을 읽을 줄 몰랐으니 사회에서 성공의 가능성이 낮았고, 그 결과 빈곤은 대물림 되었다. 이에 레이크스는 아이들이 문맹에서 벗어나는 것을 목표로 삼았다.

사명을 공유했을 때 동역자들이 모였고, 자신의 집을 개방하려는 성도들도 생겨났다. 어떤 이는 장소를 개방했고, 어떤 이는 가르쳤으며, 어떤 이들은 지갑을 열었다. 그렇게 성 메리 교회에서 '제도적인' 주일학교가 시작되었다.

주일학교가 커지면서 성 메리 교회 맞은편의 로버트 레이크스의 집 뒷마당에서도 공과공부가 이루어졌고, 점점 그 규모는 확대되었다. 주일학교의 교재는 틴데일의 흔적이 남은 영어 성경이었다.[8] 로버트 레이크스와 윌리엄 틴데일이라는 두 명의 평신도는 어느 누구도 하지 못했던 위대한 일을 시작하게 되었다.

성경을 교과서로 한 교육이 시작되면서 아이들은 빠르게 문맹을 탈출했고, 언어의 한계를 뛰어넘으면서 자연스럽게 사고방식과 시야도 확대되었다. 물론 1780년에 시작된 주일학교에 찬양 인도, 성가대, 율동, 레크리에이션이 있을 리가 없었다. 그렇지만 '원형(原形)'은 이미 갖추어졌고, 신앙교육이 이루어졌다.

아이들이 주일학교에서 문맹을 탈출했지만, 그렇다고 글자만 익힌 것은 아니었다. 성경의 내용을 배우고 익히면서 신앙이 성장했으니 주일학교의 본질적인 사명을 충실히 수행한 것이다. 1780년의 주일학교 운영방식을 한 문장으로 표현한다면 이렇게 설명할 수 있다.

"성경을 교과서로 삼아 아이들에게 글을 가르쳤다."

레이크스는 아이들에게 드러내 놓고 성경을 가르친다고 하지 않았다. 다만 이 시기에 레이크스가 했던 글자 교육을 감당하는 공교육은 없었다. 그러니 각 가정들은 주일마다 골목에서 놀던 아이들이 교회에 가는 것을 반대하지 않았다. 1780년에 주일학교는 이런 원형으로 시작했다.

---

8   로버트 레이크스가 교재로 썼던 영어 성경이 정확하게 어떤 번역이었는지 알 수 없다. 그러나 KJV이 틴데일의 어휘를 수용하지 않았다면 번역될 수가 없었던 것을 고려한다면 주일학교의 영어 성경은 틴데일의 유산을 물려받았다고 할 수 있다.

←
로버트 레이크스의 집 뒷마당과 성 메리 교회 부속실

어린이를 위한 주일학교 사명이 공유되자 동역자들이 모였다. 어떤 이
는 장소를 개방했고, 어떤 이는 가르쳤으며, 어떤 이들은 지갑을 열었
다. 그것이 제도적인 주일학교의 시작이었다.

형식	내용
글자 교육(핵심 가치)	성경 교육(정체성)

이것이 1780년에 주일학교가 성공할 수 있었던 비결이었다. 형식으로 나타나는 핵심 가치와 내용으로 붙잡아야 할 정체성이 주일학교가 갖췄던 원형이다.

눈치가 빠른 독자라면 현재 한국 교회의 주일학교와 1780년의 주일학교가 비슷한 형태로 보이지만 무엇이 다른지 파악할 수 있을 것이다. 내부의 본질을 상실하면 더 이상 교회교육이 될 수 없고, 외부에 드러나는 핵심 가치를 상실한다면 교회교육은 사회로부터 고립되고 만다.

만일 레이크스가 가정들마다 다니며 성경 교육을 한다고 외쳤거나 전도지를 돌리는 방식으로 주일학교를 시작했다면 불과 4년 만에 모든 교단과 교파를 초월한 공감대를 얻기는 힘들었다. 핵심 가치가 아이들에게 빠르게 정착하면서 교회교육은 사회에 영향을 미치게 되었다.

위의 표를 제시하는 이유는 분명하다. 만일 레이크스가 우리 시대를 살았다면 그는 어떤 형태의 주일학교를 만들었을까? 아마도 성경 교육이라는 정체성은 붙잡았겠지만 1780년의 핵심 가치는 다른 형태로 제시되었을 것이다.

1780년에 아이들은 교회에서 성경으로 교육을 받고 집으로 돌아가 점심 식사를 한 후 오후에 다시 교회에서 교육받기를 반복하는 일상을 보냈다. 주일학교는 이렇게 100년 만에 영국 대다수의 아이에게 직·간접적으로 영향을 주었다.

글을 배우는 동안 언어의 한계를 극복했고 사고력을 성장시켰다. 그런 중에 복음을 발견한 것은 자연스러운 과정이었고, 이것은 레이크스의 의도였음이 분명하다. 19세기에 조지 뮬러 또한 고아원을 시작한 후 고아들에 대한 신앙교육을 이런 방식으로 했다.

레이크스였다면 21세기의 한국 교회 주일학교에 어떤 핵심 가치를 표방했을지 사뭇 궁금해진다. 우리는 본질에 충실하면서, 동시에 어떤 핵심 가치를 제시하고 있는가? 우리의 주일학교는 정말 성경을 충실하고 체계적으로 가르치고 있는가? 우리 주일학교는 과연 내세울 만한 가치가 있는가? 두 질문에 자신 있게 그렇다고 말하기는 어렵다는 생각이 든다.

나는 이 책을 통해 1780년의 주일학교가 오늘날 다시 리셋된다면 어떤 모습이어야 할지를 독자들과 함께 고민하기를 바란다. 1780년의 주일학교는 사회 속에서 경쟁력을 가지고 있었으며, 아이들의 삶 속에서 구심점 역할을 했다.

1980년대 주일학교 하면 어떤 것이 떠오르는가? 지금도 생생하게 기억나는 것은 교회는 적어도 부활절과 성탄절에는 아이들 삶의 구심점이었고, 문학의 밤은 경쟁력을 갖춘 문화 콘텐츠였다. 동네에 소독차가 와서 흰색 연기를 내뿜을 때 동네 아이들이 귀신에 홀린 듯 따라나섰던 것처럼, 여름성경학교 때 전도사님이 큰 북을 두드리며 동네를 한 바퀴 돌면 그 행렬 속의 아이들은 불어나기 시작했다.

지금 우리는 어떻게 주일학교를 회복할 수 있을까. 평신도 레이크스의 시선으로 우리의 주일학교를 살펴보자. 그리고 우리는 무엇을 해 나갈 수 있을지, 그것부터 하나하나 착수해 보자.

한국에 상륙한 주일학교

1780년에 시작된 주일학교는 한 세기 만에 우리나라에 상륙했다. 1888년 1월 15일에 이화학당에서 스크랜튼 부인이 어린이 12명, 성인 여성 3명과 함께 주일에 학교를 시작했다는 기록이 처음 등장하는데, 이것을 비공식 주일학교의 시작으로 본다.[9]

공식적으로는 곽안련(Charles Allen Clark)에 의한 기록인데, 1890년에 언더우드 선교사가 소년 학교에서 43명의 고아들을 모아서 시작했던 것이 최초다.[10]

1780년에 레이크스가 주일학교를 시작했을 때처럼 스크랜튼 여사나 언더우드 선교사가 주일학교를 시작했을 때도 우리나라에는 공교육이 확립되기 전이었다는 것을 주목할 필요가 있다. 언더우드가 주일학교를 세우기 전 스크랜튼 여사는 1888년에 여성들을 위한 교육을 시도했다는 것도 흥미롭다. 당시 여성들이 교육을 받을 기회도 없었기 때문이다.

이렇게 시작된 초창기 한국의 주일학교는 다음과 같은 주목할 만한 특징들이 있었다.

- 교회 숫자보다 주일학교의 숫자가 많았다.
- 1911년, 주일학교 사역을 체계화하기 위해 교단을 초월한 대표들이 연합했다.

9   정웅섭, "교육문제사적으로 본 한국 개신교 교회교육 100년-주일학교를 중심으로,"「한신 논문집」 제2권(한신대학교 출판부, 1985), p.97.
10   양금희,『교회학교 진단 침체와 부흥』(쿰란, 2008), pp.32-35.

- 1920년대에는 여름성경학교와 계단공과[11]가 보급되었다.
- 1960년대 이후에 주일학교 대신 교회학교라는 명칭으로 전환을 모색했다.[12]
- 1995년부터 교회 내의 교인 수와 아동 수가 감소하기 시작했다.[13]

이 특징을 살펴보면 주일학교가 걸어온 발자취를 한눈에 볼 수 있고, 아울러 본질과 핵심 가치가 무엇인지 분명히 드러난다. 사회 속에서 주일학교가 가졌던 위치도 느낄 수 있다. 즉, 레이크스가 세웠던 주일학교의 원형이 우리나라에도 나타났다.

공교육이 부재했던 시절, 주일학교는 사회의 교육을 주도했고, 교회 교육의 핵심 가치는 아이들의 필요가 무엇인지 반영했다. 무엇을 가르치는지 확실했기에 교회 숫자보다 주일학교가 훨씬 많았고, 이런 요소들이 교회의 성장을 견인시킬 수 있었다.

주일학교라는 명칭 대신 교회학교라는 명칭을 보급하기 시작했던 1960년대에도 교회가 무엇을 가르쳤는지 명확한 핵심 가치가 있었기에 교회학교라는 명칭의 전환을 모색한 것이다. 우리나라 주일학교 역사 초기에 계단공과를 고민했다는 것은 교단을 초월해서 아이들의 20년을 누군가가 고민하고 계획했다는 흔적일 것이다.

지금까지 걸어온 우리나라의 주일학교 역사만 놓고 보더라도 현재 우

---

11   주일학교에서 성경을 단계별로 학습할 수 있도록 기획한 교재, 연령과 수준에 따라 공부할 수 있도록 구성되어 있다.

12   양금희, pp. 19-26.

13   양금희, pp. 35-38.

리는 무엇을 해야 하고, 무엇을 개선해야 할지 알 수 있다. 아이들 인생의 20년에 대한 고민이 없고, 1년마다 한철 장사처럼 소비하는 구조로 교재를 만든다면 아이들의 인생에 뚜렷한 신앙교육의 흔적을 남기기 어렵다.

이 책의 중·후반부에서 강조할 점이 이것이다. 교회에서 무엇을, 왜 가르쳐야 하는지 명확한 밑그림을 그리는 것이 절실하다. 그럴 때 주일학교는 식어 버린 기대감을 회복할 수 있다.

주일학교가 바꾼 세상

16세 소년이 부모를 따라 멀리 있는 교회를 다녔다. 하루는 유난히 폭설이 내려 온 가족이 함께 교회에 가기는 무리였다. 부모는 소년을 집 근처 교회로 보내고, 자신들은 폭설을 뚫고 다니던 교회로 향했다.

소년이 간 교회도 사정은 마찬가지였다. 오전 예배 시간이 되었지만 설교자는 나타나지 않았고, 예배를 시작해야 했기에 누군가가 강대상 위로 올라갔다. 이 광경을 2층에서 내려다보던 소년은 그가 마치 채소 장수처럼 보였다고 기억했다.

그는 어색한 태도로 강단에 올라 예배를 진행하며 자신에게 익숙한 이사야 45장 22절을 펴서 읽었다. "하나님을 앙망하라. 그리하면 구원을 얻으리라." 그것이 그가 설교하기 위해 읽은 성경 본문이었다. 즉흥 설교에 서론과 본론이 있을 리 만무했다. 그는 당황한 기색이 역력한 표정으로 입을 떼었고, "예수님을 바라보십시오. 그러면 구원을 얻을 것입니다." 이것이 그날 예배의 설교였다.

팔짱을 끼며 예배를 지켜보던 소년은 피식 웃음을 터뜨렸다. 그렇지만 단순한 말이 반복되면서 소년의 마음을 흔들기 시작했다. 그날 1850년 1월 6일, 소년은 영혼의 전환점을 경험했다. 회심한 것이다. 그 소년은 바로 설교의 황태자로 불리던 찰스 스펄전(Charles Haddon Spurgeon) 목사였다.

그는 회심을 했던 이듬해 10월에 설교자가 되었다. 1834년생이었으니 만 17세의 소년이 캠브리지 근처 시골 교회의 담임 목사가 된 것이다. 그가 담임을 맡게 된 교회는 사람들이 거칠기로 소문난 워터비치라는 마을에 있었고, 12명 정도가 출석하던 곳이었다. 그가 그곳에서 목회하는 3년 동안 12명의 성도는 400명이 되었다.

1854년, 만 20세가 된 설교자 스펄전은 런던 메트로폴리탄 터버너클 교회에 부임했다. 원래 232명의 성도가 출석했지만 그가 사임하던 1891년에는 성도 수가 100배나 성장했다. 과연 무엇 때문이었을까? 감히 짐작하건대 스펄전은 본질의 능력을 믿었던 것이다.

37세의 스펄전 목사가 1871년 런던에서 설교했을 때 청중 속에는 한 네덜란드 청년이 있었다. 그는 화상(畵商)이었고, 직장이 런던으로 발령이나 그의 설교를 들었다. 그가 런던 지점에 근무하면서 받았던 월급은 평범한 노동자의 3배에 해당되는 금액이었으니 그는 '교회 오빠'로 주목을 받았을지도 모른다. [14]

이 청년은 스펄전의 설교를 듣고 목회자의 꿈을 갈망했고, 런던 빈민가의 아이들에게 복음을 전했다. 주일학교 사역을 했던 것이다. 그것이

14　라영환, 『반 고흐, 꿈을 그리다』(피톤치드, 2020), p.119.

이 청년의 유일한 기쁨이었고, 삶의 이유였다. 그가 아이들에게 복음을 처음 전했던 감격은 그의 동생에게 보낸 편지에도 드러나 있다.

그 후 그는 벨기에 탄광 마을에서 전도사로 사역했고, 후에 '그림'이라는 핵심 가치를 통해 성경의 '본질'을 전하는 전도자가 되었다. 그가 바로 빈센트 반 고흐(Vincent van Gogh)였다.

주일학교는 이렇게 역사의 발자취 속에서 그 존재감을 드러낸다. 주일학교가 없었다면 이런 흔적들도 없을 것이다. 주일학교의 가치는 한 사람의 인생을 바꾸고 역사를 바꾼다. 우리의 본질은 시대가 변해도 사람들을 바꾼다. 노동자의 3배나 많은 연봉을 포기하면서도 삶의 기쁨을 발견할 수 있었던 이유가 복음의 힘이다.

이것이 교회의 정체성이며, 본질의 힘이다. 교회의 2천 년 역사를 떠올려 보자. 교회는 변함없었던 본질을 통해 시시각각 변하는 세상 속에서 견디어 왔다. 이것을 생각하면 성경 교육이 얼마나 위대한 것인지 감탄하게 된다.

지난 2천 년의 시간이 얼마나 많이 변했겠는가? 그러나 '동일한' 성경은 시대를 견디고, 맞서고, 극복하는 힘을 주었다는 것이 본질의 힘이었다. 21세기를 통과하고 견디는 힘 또한 문명과 기술에서 나오는 것이 아니라 본질에서 나온다고 확신한다.

그러나 본질이 사라지고 교회가 상과 벌을 강조하는 종교 집단이 되었을 때, 역사 속에서 교회는 조소(嘲笑)의 대상이 되었다. 주일에 교회를 빠지면 벌을 받는다고 으름장을 놓던 교회의 기억은 『톰 소여의 모험』의 작가 마크 트웨인(Mark Twain)에 의해 작품 속에서 희화(戱畵)화 하기에 이른다.

찰스 디킨스의 작품에서 교회는 위선의 가면을 쓴 집단이었고, 톨스토이(Lev Nikolayevich Tolstoy)의 『사람은 무엇으로 사는가』에서 천사가 추위에 떨던 곳, 안데르센(Hans Christian Andersen)의 『성냥팔이 소녀』에서 소녀가 죽은 곳은 모두 교회 벽 아래였다.

독일에 방탕한 소년이 있었다. 그는 비행 청소년 취급을 받았고, 그의 말에 따르면 짓지 않은 죄가 없을 만큼 방황하며 청소년 시기를 보냈다. 심지어 어머니의 임종 순간에도 그는 술에 취해 있었다. 그랬던 소년이 회심을 했다. 신학을 공부하고 영국 브리스톨에서 고아를 돌보는 사역을 했다. 그가 바로 5만 번 기도 응답을 받았다는 간증으로 유명한 고아의 아버지, 조지 뮬러(George muller)다.

그는 수천 명의 고아를 보육(保育)이나 탁아(託兒)로 양육하지 않았다. 그가 아이들을 돌보던 방법은 주일학교의 형태였다. 지금도 브리스톨의 뮬러 하우스에 가면 그가 고아들을 어떻게 돌보았는지 기록들과 여러 자료를 볼 수 있다. 레이크스나 조지 뮬러 같은 한 사람이 아이들의 삶을 바꾼 것이다.[15]

미국의 복음 전도자 드와이트 무디(Dwight L. Moody)는 유명한 설교자다. 그는 가난한 구두 수선공 출신이었다. 출신으로 인해 교회에서 아무도 관심의 눈길을 주지 않았을 때, 그가 교회에 올 수 있도록 품어 주었던 인물은 주일학교 교사 에드워드 킴볼이었다. 킴볼 덕분에 구두 수선공 출신의 설교자 무디는 당시 세상에서 가장 많은 사람에게 복음을 전한 인물

15　2006년 영국 브리스톨의 '뮬러 하우스'의 담당자로부터 들은 설명이다. 뮬러 하우스의 자료들은 조지 뮬러가 아이들을 위해 주일학교처럼 운영하고 있었다는 것을 보여준다.

이 되었다.

조지 뮬러가 첫 고아원을 열었던 1836년에 찰스 디킨스는 작품을 구상 중에 있었다. 공장과 굴뚝이 즐비한 빈민가에서 인간 이하의 환경 속에서 살아가는 아이들에게 예수님을 알리고 싶어 했다. 그도 어린 시절에 구두약 공장에서 일하던 소년 가장이었기 때문이다.

디킨스의 눈에 비친 영국의 성탄절은 예수님의 생일이었지만 예수님 흔적은 사라진 평범한 축제였다. 그렇게 예수님의 정신을 드러내는 글을 써 내려가기 시작했고, 이 책을 가난한 고아들에게 선물로 주고자 마음먹었다.

이 작품이 1843년 12월 19일에 출간한 『크리스마스 캐럴』이다. 이 한 작품을 통해 성탄절의 문화가 변했다. 사람들은 성탄절이 되면 '메리 크리스마스'로 인사를 나누었고, 성탄절 선물과 기부 문화가 정착되기 시작했다. 그리스도를 드러내려는 한 명의 작가에 의해 세상이 바뀐 것이다.

어린 시절, 가정이 빚더미에 올라 아무런 꿈조차 꿀 수 없었던 9살의 디킨스를 격려해 주며 꿈을 꾸게 했던 인물은 그 동네 교회의 목사였다. 그 목사는 찰스 디킨스가 문학에 남다른 소질이 있고, 뛰어난 감각을 지녔음을 칭찬하고 독려하며 꿈을 포기하지 말라고 응원했다. 디킨스가 경험한 주일학교의 흔적은 그 마음속에 강하게 자리를 잡아 위대한 작품들의 밑거름이 되었다.

안데르센은 구두 수선공 아버지와 세탁부 어머니 사이에서 태어났다. 가난한 환경 탓에 제대로 학교 교육을 받지 못했다. 작가가 되는데 큰 장애물이 아닐 수 없었다. 게다가 이른 나이에 아버지를 여의었고, 재혼한 어머니는 안데르센을 전적으로 보살펴 줄 수 없었다.

그는 무작정 혈혈단신으로 덴마크의 수도 코펜하겐으로 가서 온갖 고생 끝에 마침내 '동화의 왕'이 되었다. 그가 그런 결정을 할 수 있었던 것은 어린 시절 그에게 신앙과 문학적 재능을 일깨워 준 목사의 미망인 분케플로드 사모를 통해 얻은 용기 덕분이었다. 그에게 분케플로드 사모가 없었다면 과연 우리는 그의 작품을 읽을 수 있었을까.

긴 에피소드를 전했지만 독자들에게 정말 말하고 싶은 것은 이것이다. 우리가 교회에서 가르치는 아이들은 설교의 황태자, 동화의 왕, 고아의 아버지가 아니다. 구두약 공장에 다니는 가난한 소년이나 방황하는 청소년들이다. 우리가 붙잡은 본질이 아이들을 위대하게 바꿀 수도 있지만, 아니라면 마크 트웨인이나 톨스토이의 기억 속 교회처럼 장벽이 될 수도 있다. 우리는 만나는 아이들에게 어떤 의미를 부여하는가?

이 책장을 넘기는 독자들 중에서 분케플로드 사모나 에드워드 킴볼 같은 사람들이 나올 수 있기를 바라는 마음으로 한 문장씩 기록해 나가고 있다. 우리가 그들이 되지 말라는 법은 없지 않은가. 이것이 주일학교의 존재 목적이다.

도약을 위해 변화하자

주일학교가 처음 시작되었던 시기는 분명 암울한 시대였고, 소망이 보이지 않았다. 주일마다 길거리에 넘쳐나는 골칫거리들을 누구나 보았지만 그들을 향해 남다른 생각을 가졌던 것은 일부에 불과했다.

평신도 로버트 레이크스는 아이들에게 가장 필요한 핵심 가치를 붙잡

왔고, 주일학교라는 등불을 비추었다. 우리나라에 상륙한 주일학교도 일제 강점기에 희망의 빛을 비추었다. 심훈의 『상록수』에도 주일학교가 그런 역할을 하는 것으로 그려진다.

『상록수』 주인공 채영신의 실제 모델이 된 최용신 전도사는 주일학교의 정신을 잘 구현해 낸 교역자였다. 주일학교의 역할은 주일의 교회 속에만 갇혀 있지 않았기에 주일학교라는 명칭 대신 교회학교라는 이름이 거론되었던 배경은 지금 우리가 생각해 볼 대목이다.

1780년의 주일학교는 1880년대에 우리나라에 빛을 주었고, 1980년대에는 성장의 동력을 주었지만 그때부터 지금까지 주일학교는 변화를 멈추었다. 변화는 언제나 현실을 직시하고, 그 원형을 아는 것에서 시작된다. 본질을 알 때, 변화된 환경에서도 본질을 구현할 수 있으며 원형을 생각할 때, 혼란한 현실에서 원형을 복원해 낼 수 있다.

1780년의 주일학교를 생각해 보았다. 이것은 우리가 어떤 변화를 만들어 나가야 할 것인지 희미하게나마 방향을 제시해 주리라 믿는다. 변화에서 가장 큰 걸림돌은 관행일 것이다. 변화의 시작은 관행을 버리는 것이고, '이전부터 쭉 해 왔던 대로'라는 상식도 버려야 한다.

독일의 극작가 베르톨트 브레히트(Bertolt Brecht)는 "어떤 것이 더없이 명확해 보인다는 것은 그 순간 우리가 그것을 이해하려는 모든 시도를 포기했다는 뜻이다."[16]라고 말했다. 어쩌면 그동안 우리는 교회교육이 어떤 위기에 있었는지, 어떻게 변할 수 있는지에 대한 모든 시도조차 포기해 왔는지 모른다.

16　켄 로빈슨, 루 애로니카/ 정미나 역, 『엘리먼트』(21세기북스, 2016), p.60.

이제 우리의 입장이 아니라 아이들의 입장에서 주일학교를 평가해 보고, 회복해야 할 원형을 생각해 보자. 그리고 아이들이 문명의 부속품이 아니라 우리와 동등한 인격체라고 인식하고 그들에게 귀를 기울여 보자. 여기에서 변화는 시작된다.[17]

미래를 예측하는 가장 좋은 방법은 우리가 스스로 우리의 미래를 만드는 것이다.

17   켄 로빈슨, 루 애로니카/ 정미나 역,『학교혁명』(21세기 북스, 2021) pp. 32-35.

3

공장 가동은 이제 그만!

    교회 현장에서 다음 세대가 중요하다는 것을 모르는 것은 아니다. 다음 세대를 포기하는 것은 교회의 다음 시대를 포기하는 것과 다를 바 없다. 교사 세미나, 교사 수련회가 주기적으로 반복되는 것 역시 다음 세대가 중요함을 알기 때문이다. 다만 뻔한 레퍼토리가 반복된다는 점은 퍽 아쉽다.

    소위 짬밥이 많은 교사 입장에서 본다면 교사 세미나에서 새로운 것을 기대하기 어렵다. 강사가 누구이건, 대상이 누구이건 간에 그 주제는 대개 비슷하며 레퍼토리는 변하지 않는다. 이는 공장의 컨베이어 벨트를 돌리는 느낌과 비슷하다. 공장에서 작업 벨트를 돌리듯 성실히 레퍼토리를 돌리지만 돌아서면 교사 한 사람이 변화시킬 수 없는 내용이 대다수다. 우리는 '공장 가동' 대신 어떤 변화를 모색할 수 있을까?

교사 세미나에서 반복되는 일

교사 세미나, 혹은 교사 부흥회에 가면 늘 반복되는 것이 있다. 주일학교에 수년간 봉사한 경험이 있는 교사라면 그날의 '메뉴'를 예측하는 것이 그리 어렵지 않으리라 생각된다.

• 원론 : 하나님은 전능하시다, 그러므로 기도해라.
• 회개 : 모든 것은 우리 때문이다. 그러므로 회개해라.

여기에서 더 추가할 수 있지만 이 두 가지로 요약된다. 주일학교 현장의 소리를 반영하기보다 교사들에게 말씀과 기도를 강조하면서 회개를 권하는 분위기가 자주 연출된다. 주일학교의 침체와 앞으로 닥칠 위기를 통해 두려움을 조성하고, 교사들이 더 열심히 하지 못했음을 회개하는 것으로 이어지는 레퍼토리를 보면서 10년 가까이 왜 교사들이 눈물을 흘려야 할까 하는 생각을 해 왔다. 과연 교사의 책임일까?

이 정도면 교사를 빨래에 비유할 수도 있지 않겠는가. 주일학교 교사 세미나에서 교사들은 마치 관행처럼 눈물을 흘린다. 이는 세미나 강사에게 가장 필요한 역량일지도 모른다. 아이들의 영혼이 천하보다 귀하다는데 왜 교사들은 젖은 빨래가 되어야 할까.

교사들의 눈물을 볼 때마다 이 교사들마저 없다면 교회가 휘청거리겠다는 생각을 한다. 실제로 주일학교 교사들은 교사만 섬기는 경우는 드물다. 적어도 교회 곳곳에서 여러 봉사를 할 가능성이 높고, 그만큼 교회에서 멀티 플레이어들이다.

교사들은 교사 세미나에서 어떤 동기부여를 받았을까. 적어도 나는 마치 생산량이 증가하지 않는 공장에서 노동자들이 더 열심히 해야 한다고 끊임없이 독려하는 느낌이었다. 과연 공장의 생산량에 노동자의 환경과 시설, 설비 같은 다른 영향은 없을까? 공장주의 책임은 없는지 물어야 한다.

청년들이 교회를 떠나는 이유도 유사하다. 우리나라에서 청년으로 살아간다는 것은 그 자체로 만만치 않다. 한 세대 전과 비교하면 현재 청년들에게 제공되는 기회가 현저히 줄어들었다. 이런 청년들이 교회에 있다는 것만으로도 고맙고, 더구나 청년들이 주일학교 교사로 섬긴다는 것은 과장을 보태서 천연기념물이다. 그런 청년들이 각기 다른 이유로 교회를 떠난다지만 공통분모가 있다면 그들도 교회에서 빨래가 된다는 것이다.

윌리엄 부스의 예언

영국의 구세군 창시자 윌리엄 부스(William Booth)는 "성령 없는 종교와 그리스도 없는 기독교, 중생 없는 죄 사함, 믿음 없는 경건, 그리고 지옥 없는 천국이 20세기에 나타나게 될 가장 큰 위험이라고 생각한다."라는 유명한 말을 남겼다.

100년도 넘은 과거에 했던 그의 말은 현실이 되었다. 우리가 처한 교회를 반영한 것 같다. 어쩌면 이 항목들이 우리가 속한 교회의 모습인지 모르겠다. 이것은 교회 내 주일학교에서도 그대로 이루어지고 있는 현실이다.

이렇게 묻고 싶다. 우리 교회 주일학교에서는 아니, 우리 아이들은 성령을 알고 있을까? 우리 아이들은 거듭남의 의미와 구원의 확신을 이해하고 있을까? 아이들이 공부하고 학원 다니기도 바쁜데 무슨 말이냐는 생각이 드는가? 그런 건 대학에 들어가서나 하는 말이라고 외치고 싶은가? 이런 인식으로 아이들을 대했다면 아이들은 두 번 다시 교회로 돌아오지 않을 확률이 크다.

삼사십 년 전 주일학교에 다녔다면 그 당시의 주일학교와 비교해 보자. 그때 불렀던 '구원 열차', '돈으로도 못가요'와 같은 어린이 찬양이 떠오르는가? 당시의 찬양들은 구원, 믿음, 그리스도, 재림, 중생에 대한 찬양이 대부분이었다. 그렇다면 지금은 어떤가?

지금 아이들이 부르는 찬양을 들어보면 재림과 중생은 가사 자체가 사라졌고, 구원, 믿음, 예수님이라는 단어들이 남아 있긴 하지만 내용을 살펴보면 윤리적인 내용에 가깝다. 아이들의 찬양과 교재는 기성세대의 가치관을 반영하는 지표다.

버트런드 러셀(Bertrand Arthur William Russell)은 "세계의 교육은 '나쁜' 소년들을 제거하려고 목표를 세운 것 같다."[18]라고 말했다. 맹목적으로 복종하지 않고, 진취적이며 개성을 가진 아이를 뜻하는 나쁜 소년 속에는 줄리우스 시저가 있고, 트라팔가 전투의 영웅 넬슨도 있다.

사회는 철저히 순종적인 아이를 양성하는 것이 미덕이 되었고, 러셀은 그런 사회의 가치관을 비판했다. 그가 혐오한 당시 사회의 미덕은 교회의 현실에서도 현재 진행형이다. 어쩌면 우리가 가르치는 아이들은 나

---

18   버트런드 러셀/ 송은경 역, 『런던통신 1931-1935』(사회평론, 2011), pp. 78-79.

뻔 소년들을 제거해서 착한 아이들로 만드는 것이 아닐까.

이게 주일학교 교재라니!

30년 전 주일학교가 우리를 풍요롭게 했던 이유는 무엇이었을까? 교회에서 신앙으로 지도해 주시던 선생님은 열심히 공과공부를 준비하셨고, 나를 비롯한 학생들을 무척 아껴 주시던 기억이 선명하다. 그렇다면 지금은 그때와 비교해 무엇이 같고, 무엇이 다를까?

학교나 학원 같은 교육 환경은 30년 전과 비교할 수 없을 정도로 발전했고 현저하게 달라졌다. 그러나 주일학교는 전혀 나아진 흔적을 발견하기가 어렵다. 이것은 내 개인적인 생각이 아님은 분명하다.

교사들이 교사 부흥회와 세미나에서 눈물을 흘리며 회개한다고 하더라도 더 큰 장애물은 그 다음에 나타난다. 헌신하기로 다짐한 교사들이 제대로 아이들을 가르치려고 하지만 마땅한 교재가 없을 뿐더러, 그나마 있는 선택의 폭도 좁다.

새가족부 교재들을 살펴보면, 지금 당장 아이들에게 구원의 확신을 설명하기는 무척 어렵다. 있다 해도 아이들의 눈높이에서 어렵게 구성되어 있다. 어른들의 교재를 편집해 아이들 교재로 만들다 보니 어려운 내용을 가감 없이 넣기도 하고, 혹은 편집 과정에서 중요한 내용들이 사라져 부실해지기도 한다. 헌신된 교사는 있으나 그들이 아이들에게 본질을 제대로 가르칠 교재가 없는 것이 현실이다. 이것이 교사들에게 회개하라고만 해서는 안 되는 이유다.

Part 1 — 한 사람이 변화시키는 매뉴얼

흔히 질병은 습관에서 온다고 한다. 평소에 무엇을 먹고, 어떤 행동을 하느냐에 따라 건강이 좌우되고 질병이 뒤따른다. 아이들이 20년간 주일학교에 있었던 습관은 캠퍼스에서 3%라는 질병이 된다. 이 통계가 충격적인 것은 팬데믹이 선언되기 이전의 통계이기 때문이다. 왜 아이들이 교회를 떠나서 영혼의 질병에 걸렸는가? 그 답은 주일학교가 20년 가까운 시간 동안 어떤 영적인 음식을 먹었느냐에 달려 있다.

아직도 교회와 선교 현장에서 아이들에게 복음을 제시하기 위해 1970-80년대부터 사용하던 '사영리'가 동원된다. 아이들을 붙잡아 놓고 사영리를 읽어 나간 후 마지막에 영접을 '시키는' 방식이 아직도 진행된다. 사영리 외에 어린이에게 복음을 설득하는 교재가 없다면 진짜 회개해야 할 당사자는 교사들이 아니다.

주일학교 교재의 문제점을 확연히 알 수 있는 일화를 소개한다. 하루는 초등부 담당 목회자가 실망스러운 얼굴로 나에게 공과공부 교재를 들고 왔다. 초등학교 1학년용 교재였는데 그때의 충격이 지금도 생생하다. 교재의 본문은 창세기 3장이며, 인류의 범죄를 다룬 내용이었다.

우리가 해당 본문을 가르친다면 어떤 부분에 초점을 맞추겠는가? 메시아를 상징하는 여자의 후손, 아니면 짐승이 죽어서 가죽 옷으로 부끄러움을 가려 주려는 은혜, 인간의 범죄나 범죄를 유혹하는 마귀?

놀랍게도 그 교재는 '좋은 여자 만나서 결혼해요'라는 결론으로 끝을 맺고 있다. 여자가 선악과를 따 먹었으므로 이런 여자는 신부로는 적절하지 못하다는 것, 그리고 변명한 아담 역시 적절한 신랑이 아니므로 좋은 여자, 좋은 남자 만나서 결혼하라는 내용이다. 이런 내용이 공과공부 교재라니 해도 해도 너무하다는 생각이 든다. 이런 유형의 교재는 한둘이 아니다.

한번은 초등부를 담당하는 목회자가 SNS에 하소연하는 글을 보았다. 공과공부 본문이 누가복음 15장의 '돌아온 탕자' 이야기라 해당 본문을 가지고 설교를 준비 중이었다. 하지만 그는 공과공부의 결론을 보며 엄청난 충격을 받았단다. '가출하지 말라'는 내용으로 귀결되었던 것이다.

누가복음 15장이 초등학교 5학년 아이들에게 탕자처럼 가출하지 말라는 메시지를 주기 위해 기록되었을까? 본질로 돌아가서 가르치면 안 되는 걸까? 그 교재에서 전하고자 하는 것이 복음인지, 아니면 윤리인지 확인할 수 있다.

청소년 교재는 교회 내에 있는 것은 거룩하고, 세상의 영역은 악하다고 세상을 양분해서 설명한다는 특징이 있다. 교회에 와서 시키는 대로 감당하는 것이 거룩한 축이고, PC방, 문화, 아이돌, 게임, 스마트폰 등은 악의 축으로 규정한다.

교회가 세상의 빛과 소금이라면 아이들을 온실 속 화초로 키울 것이 아니라 눈보라와 비바람에서도 견디는 소나무로 만들어야 하지 않을까? 예수님께서도 세상 '속으로' 들어가라고 하셨다.

세상 문화와 미디어로부터 전해지는 메시지가 선할 리가 없고, 우리를 둘러싼 환경도 상업적이다. 하물며 TV 예능 프로그램에서 복음적인 메시지를 기대할 수도 없다. 그렇다면 이런 현실을 차단하는 것만이 교육의 목표가 되어야 하는 것일까?

19세기 작가들 중에 『제인 에어』를 쓴 샬럿 브론테(Charlotte Bronte)와 『폭풍의 언덕』을 쓴 에밀리 브론테(Emily Bronte)는 요크셔 지방의 교구 목사였던 패트릭 브론테의 자녀들이었다. 그들이 살았던 시대는 악했고, 의

회의 결정은 지나치게 물질적이었다.

영국 의회는 아편을 중국에 밀어 넣으면서 부를 축재하려는 결정을 공식으로 가결했다. 당시 한 독실한 국회의원은 영국이 이렇게까지 타락할 수 있느냐며 개탄을 금치 못했다. 이 시기 브론테 자매들의 작품은 무척 인상적이다.

타락해 가는 세상과 차단하고, 자신들만의 울타리를 세우는 것이 세상을 이기는 방법이 아니었다. 그녀들의 작품 속에는 엄청난 성경 구절과 존 번연의 『천로 역정』, 존 밀턴의 『실낙원』이 인용되었고, 다니엘 디포의 『로빈슨 크루소』같은 청교도 문학가들의 작품이 인용되었다.

이것이 무슨 뜻일까? 아이들을 세상에서 고립시키는 방법이 대안이 아니라 견실한 교육을 통해 이겨 낼 수 있음을 의미한다. 로버트 레이크스 역시 암울한 시대에 성경을 통해 주일학교를 일으켰다. 교회가 해야 할 역할은 '위대한 유산'을 물려주는 것이다. 그런 구체적인 사례들을 이 책에서 보여주려고 한다.

168시간이 아니라 1시간이다.

10년 전부터 부쩍 많이 거론되었던 이야기가 1시간 대(對) 168시간에 관한 이야기다. 심지어 168시간이 교회교육의 대안으로까지 거론되었다. 168시간이란 24시간 곱하기 7일로서 일주일간 가정에 머무는 168시간을 말한다. 즉, 아이들의 신앙교육을 위해 주일학교 1시간은 턱없이 부족하므로 168시간 동안 가정에서 신앙교육이 이루어져야 하고, 주일학교는 그것을 돕는 기관이어야 한다는 주장이 많았다.

'이론적'으로는 168시간의 주장은 이상적이다. 모든 가정이 제발 그렇게 됐으면 좋겠다. 그러나 팬데믹은 168시간의 주장이 허상임을 증명했다. 가정에서 맨정신으로 부모와 자녀가 소통하는 것도 168시간이 되지 않는데다가 '새끼들'에게 '세 끼'를 먹이는 것으로 지나가는 시간임을 알게 되었다.

안타깝게도 갈수록 맞벌이 부부들이 늘고, 깨어진 가정들과 조손 가정들이 늘어나는 추세라면 주일학교가 '168시간'을 외치는 것은 스스로의 책임을 포기하는 것이나 다름없다. 조금만 더 생각해 보면 명확해진다. 제자훈련과 통독, 양육훈련을 받은 어른들조차 168시간에서 1시간의 대면예배가 사라졌을 때, 영적으로 무기력함을 느낀다. 한창 신앙교육을 받고 자라나야 할 아이들이라면 문제는 더 심각해진다.

1시간의 주일학교 시간이 부족한가? 팬데믹 2년이면 100번의 주일이 지난 셈이다. 만일 정상적인 신앙교육을 받지 못했다면 아이들에게는 100번의 주일 공백이 생긴 셈이다. 과연 2년간 매주 168시간을 치밀하게 배정해서 가정에서 아이들에게 신앙교육을 시키는 가정이 몇 퍼센트나 되겠는가?

그렇다면 주일학교는 168시간을 활용하는 가정을 늘릴 것이 아니다. 이것은 교회 전체의 사역으로 넘겨야 한다. 주일학교는 1시간에 모든 것을 걸어야 한다. 아이들과 대면하는 1시간은 누구도 대신할 수 없다. 그 1시간이 쌓이면 한 아이는 주일학교 울타리에서 1천 번의 주일을 보내게 된다. 정말 엄청난 사역이 아닌가?

집밥으로 우리만의 주일학교를 만들자

어린 시절 문방구 앞에는 저렴하고 화려한 색깔의 불량 식품이 넘쳐 났다. 100원이면 선택의 폭이 꽤 다양해 출근하는 아버지를 향해 "100원만 주세요!"라고 조르던 기억이 있다. 그러나 불량 식품은 식욕을 떨어뜨리고 건강에 해롭다.

다음 세대에게 교회의 불량 식품이란 무엇일까? 대표적인 것인 프롤로그에서 언급한 시간 거품이다. 적어도 1년 52주, 혹은 유·초등부 300주를 바라보고 키우려는 마음이 아니라 단회적인 자극으로 효과를 내려는 것은 불량 식품일 가능성이 많다. 한두 번이야 흥미를 더할 수 있겠지만 아이들을 성장시키는 것은 '집밥'이다.

교회에서 아이들에게 먹일 집밥은 가정의 168시간에서 나오는 것이 아니라 일주일에 한 번 드리는 예배 1시간의 고민과 준비에서 나온다. 어른들조차 168시간 동안 성경을 읽고, 큐티를 한다 해도 주일에 영적인 충전을 하지 못하면 곤고해진다. 아이들과 만나는 1시간은 아이들의 '대예배'임을 잊어서는 안 된다.

하나님의 시선에서 대예배와 주일학교 예배의 무게는 같다. 그래서 그 1시간에 모든 것을 쏟아부어야 한다. 교회의 인식이 바뀌려면 시간이 필요하겠지만 적어도 주일학교 교역자와 교사는 그 1시간을 대예배처럼 준비해야 한다. 연습 삼아 대충 예배를 드리는지, 대예배처럼 예배에 임하는지 아이들은 다 안다. 그럴 때 비로소 집밥이 몸속에 영양을 공급하기 시작한다.

오는 주일에 당장 1시간에 어떤 의미를 부여하고, 어떻게 준비할 것인지에 따라 주일학교는 불량 식품이 될 수도 있고, 집밥이 될 수도 있다. 어떤 메뉴로 집밥을 만들어야 할지 함께 고민하자. 교사들 손으로 바꿀 수 있는 대안, 그것이 둘도 없는 중요한 매뉴얼이다.

과거는 미래로 나아가기 위한 거울이다. 이번에는 현재 대안들로 외치는 수많은 말잔치를 살펴보았다. 그러나 똑같은 현상을 보면서도 현실의 대안을 만들고 모든 것을 걸고 행동으로 옮겼던 사람은 평신도였던 로버트 레이크스였다. 현실을 정확히 공감할 때 비로소 미래로 나아가려는 의지가 생긴다.

더 이상 통계와 분석에 귀를 기울이지 말고, 이제 누군가는 침체되어 가는 주일학교의 흐름을 바꾸고 막아야 한다. 그런 용기 있는 행동이 필요할 때다. 어떻게 이 흐름을 막을 수 있을까? 그 구체적인 방법이 이 책에 자세히 묘사되어 있다. 탁월한 교역자 한 사람에 의해서 변화되는 것을 이 책은 거부한다. 어차피 개인이 사라지면 조직은 원위치 되기 때문이다.

한 개인의 역량이나 성향에 의해 좌우되는 것이 아니라 바른 지향점으로 정도(正道)를 걷는다면 조금씩 변화되고 단단해지는 것을 누구나 경험할 수 있다. 현장에서 부대끼고 고민하면서 만든 이정표를 나누고자 하는 필자와 동행하기를 바란다.

주일학교의 현실을 인정하고, 기꺼이 주일학교를 변화시킬 의지가 있는지 스스로 확인할 수 있다면 좋겠다. 우리 눈에 시시해 보이는 아이들의 예배 1시간도 어른들의 대예배만큼이나 귀중하고 소중한 시간이다. 그 예배 속에 교회교육을 넣어서 우리만의 주일학교를 만들어 보자.

4

교회교육, 기본만 지켜도 된다

아이들에게는 학교 선생님, 학원 선생님, 과외 선생님, 방과 후 선생님, 주일학교 선생님 등 여러 선생님이 있다. 그러나 아이들이 느끼는 선생님의 무게가 다 같지는 않다.

교회교육 현장에 있다 보니 주일학교 선생님들은 상대적으로 학교나 학원 선생님들에 비해 관심을 덜 받는다는 느낌이다. 이 점이 주일학교 선생님들에게 가장 위축되는 부분이다. 사실 학교 교육과 학원 시스템에 비해 교회교육은 질적으로도 뒤처져 있고, 주일학교는 아이들의 진로에 큰 영향이 없다.

아이들의 영혼과 믿음을 위해 주일학교 선생님이 중요하다고 말하지만 주일학교 교사들이 현장에서 피부로 느끼는 온도는 냉랭하다. 이번 장에서 꼭 증명하고, 강조하고 싶은 점은 교회교육의 '가치'이다.

대부분 교육학자는 학교 교육에 강한 회의감을 가지고 있어 여러 대안을 제시한다. 물론 아이들이 입시 제도라는 구조 속에 있으므로 학교와 학원 교육을 간과할 수는 없다. 그러나 교육학자들이 언급하는 대안에 가장 가까운 교육은 주일학교 교육이라는 것을 알고 있는가?

왜 교육학자들이 학교 교육에 대해 부정적인 입장인지를 알기 위해 학교 교육의 태생과 목적을 간략하게 설명하고, 교육학자들이 지향하는 부분을 소개하고자 한다. 그것을 공감할 때 비로소 교회교육의 태생적인 사명을 느낄 수 있으리라 확신한다.

안타깝게도 현재 교회교육 현장은 마치 학교 교육을 답습하려는 것처럼 느껴질 때가 많았다. 이전에 학교에서 그랬듯이 암기식, 주입식 교육이 교회에서도 유지된다. 그러나 교회교육은 학교를 따라할 것이 아니라 태생적인 소임을 다하는 것이 가장 주일학교다운 길임을 깨닫기 바란다.

학교는 당나귀를 말(馬)로 바꿀 수 없다

피테르 브뢰헬이 그렸던 〈학교의 당나귀〉(The Donkey in the School, 1556)라는 그림을 살펴보자. 이 그림은 당시 학교의 환경을 보여준다. 브뢰헬이 살았던 플랑드르 지방은 강대국의 틈바구니에 끼었던 약소국가였지만 유럽 내에서 교육열은 높았던 터라 문맹률이 낮은 지역이었다.

90쪽 그림을 보면 한 명의 교사가 수많은 아이를 돌보고 있다. 학창 시절 우리 반 끝 번호가 65번이었던 기억이 있다. 혹자는 70번 대까지 있었다고 하는데 그 많은 아이가 한 교실에서 어떻게 수업을 받았을지 지금

←

피테르 브뢰헬 〈학교의 당나귀〉

아이들을 위한 신앙교육이 전무했던 시기, 학교는 결코 아이들을 바꿀
수 없다는 평신도 화가의 신념은 학교 교육을 무작정 따라하려고 하는
우리에게 일침을 던진다.

으로서는 이해하기 힘들다.

그림 속 교사는 머리에 싸리비를 꽂고 있다. 언제라도 아이를 때리려는 의도였을까? 지금은 체벌이 거의 사라졌지만 80년대에는 선생님에게 맞지 않고 학교를 다녔던 아이는 거의 없었으리라.

교실 뒤편에는 당나귀가 악보를 '읽고' 있다. 이 그림 제목은 〈학교의 당나귀〉이다. '학교는 당나귀를 말(馬)로 바꾸지 못한다'는 플랑드르의 속담을 반영한 것으로서 브뢰헬은 학교 교육으로는 아이들을 변화시킬 수 없다고 믿었다.

나는 이 그림을 보면 마음이 뜨거워진다. 브뢰헬이 이 그림을 그렸던 시기는 1556년이고, 주일학교가 시작된 것은 1780년이다. 아이들을 위한 신앙교육이 전무했던 시기, 학교는 결코 아이들을 바꿀 수 없다는 평신도 화가의 신념은 학교 교육을 무작정 따라하려고 하는 우리에게 일침을 던진다.

브뢰헬의 그림을 종합해 보면 학교는 당나귀를 말로 바꿀 수 없고, 오직 본질을 통해서만 가능하다고 말한다. 그것이 〈바벨탑〉과 〈농민의 결혼식〉이라는 그림의 결론이다.[19] 평신도 화가가 당나귀를 말로 바꾸기를 간절히 희망했고, 그의 진심이 그림들 속에 반영이 된 것이라면 브뢰헬은 우리에게 주일학교의 가치를 되돌아볼 것을 조언하는지도 모른다.

주일학교는 지난 30년 동안 크게 달라지지 않았고, 심지어 본질마저

---

[19] 피테르 브뢰헬은 이 그림을 통해 세상의 교육 방식은 아이들의 영혼을 바꿀 수 없다고 말한다. 그러나 나머지 그림에서 교회의 모습을 곳곳에 배치하면서 사회를 바꾸는 것이 교회의 사명임을 일관되게 말한다. 결국 브뢰헬은 아이들을 변화시키는 것은 지식이 아니라 신앙을 통해 가능하다고 일깨운다.

도 희미해져 가고 있다. 주일학교의 핵심 가치를 잃은 지는 꽤 오래된 듯하다. 그러는 동안에 아이들은 디지털 세대를 넘어서 포노 사피엔스로 변했는데, 우리는 여전히 아날로그식 언어로 접근하면서 우리의 주장을 들으라고 강요하는 것은 아닌지 모르겠다.

미국 철학자이자 교육학자 존 듀이(John Dewey)는 '어제 가르친 그대로 오늘도 가르치는 건 아이들의 내일을 빼앗는 짓이다.'[20]라고 말했다. 이 말을 떠올린다면 아이들이 신앙교육을 받아들이지 못하는 것은 우리의 정체된 방식 때문은 아닐까 싶다.

우리는 지금도 잔소리를 통해 당나귀를 말로 바꾸려고 하는 것은 아닌가? 우리의 '의도'는 잔소리가 신앙교육이겠지만, 아이들에게는 TMI(Too Much Information)일 뿐이다.

왜 학교 교육을 닮아 가려고 하는가

현재 학교 교육 원형이 된 것은 산업 혁명 시기에 공장을 가동하던 방식에서 비롯되었다. 산업화 사회에서 공장을 통해 제품을 생산해야 했으므로 이 시기에는 표준화, 규격화가 가장 이상적인 목표였다. 제품이 서로 달라서는 안 되고, 제품 속에 다양함이 존재한다는 것은 바람직하지 못한 결과였다. '학교종이 땡땡땡'이라는 동요 가사는 공장에서 작업을 가동하던 방식이 학교에 깊숙하게 남은 흔적이다.

---

20   존 카우치, 제이슨 타운, p.32.

버트런트 러셀의 책에 이런 내용이 적혀 있다.

> "지금도 모든 문명국의 학교는 '지식 획득'을 교육의 가장 중요한 부분으로 여기는 완전히 구태의연한 사고방식에 기초해 있다. 국가는 청소년기의 시민들이 구구단을 외우게 하고, 그들에게 1776년에 일어났던 일들을 가르치기 위해 엄청난 고통을 감내한다. 그런 성취를 헐뜯을 생각은 전혀 없지만 인격 수양이 훨씬 중요한 일이다. 인격은 학교에 들어가는 만 여섯 살 이전에 주로 결정된다."[21]

학교는 공장의 숙련공을 배출하는 것이 태생적인 목적이었다. 제품이 생산되듯이 배출된 숙련공 역시 획일적이 되는 것이 가장 이상적인 학교 교육이었다. 숙련공들의 숙련 정도가 제각각이라면 학교는 신뢰를 잃었다. 따라서 숙련공을 배출하는 학교나 제품을 생산하는 공장은 '규격화'라는 목표에 도달하기 위해 '평균'이라는 지침이 필요했다.

학교 홍보물을 보고 있노라면 공장에서 유래된 흔적을 느낄 수 있다. 진학과 취업이라는 생산물을 얼마나 잘 찍어 내느냐가 홍보 전략이 된다. 이 목적을 위해 학생은 학교가 제시하는 목표에 순응해야 한다.[22]

이런 시대를 거치면서 학교에서 해야 할 탐구는 연습으로, 협력은 경쟁으로, 발견은 암기로, 개성은 성적으로 대체되었다. 학교가 제품을 생산하듯 아이들을 배출하는 기관으로 발돋움 했던 것이다.[23]

21   버트런드 러셀, pp. 84-85.
22   토드 로즈/ 정미나 역, 『평균의 종말』(21세기북스, 2021), pp. 77-85.
23   존 카우치, 제이슨 타운, pp. 18-19.

이렇게 시작된 학교는 20세기에 들어서면서 성적과 지능이라는 수치로 학생들을 평가하는 제도가 정착되었다. 그것은 지금까지 이어져 온 평가 기준이다. 소위 IQ는 프랑스 학자 알프레드 비네(Alfred Binet)에 의해 고안되었고, 20세기 초반 미군 모병에 활용되었다.

1, 2차 세계 대전에 투입해야 할 미군들의 적합성과 우수성을 짧은 시간 내에 확인하기 위해서 도입된 이 방식은 효율적이고 실용적이었다. 짧은 시간에 측정된 점수 하나로 그 군인의 절대적 가치를 평가할 수 있었다.

그 후 이런 방식으로 지능을 측정하는 SAT가 대학 진학 평가에 반영되었고, 이것은 미국 대학이 지금까지 사용하는 지표다.[24] 우리나라 역시 한 사람의 가치와 재능을 평가하기 위해 수능 점수와 내신 등급이라는 하나의 기준으로 판단하는 것이 지금 학교에서 벌어지는 현실이다.

학교 유래와 평가 기준을 언급하는 것은 현재 교회교육이 지향하는 가치가 지난 학교 교육을 따라가려는 것은 아닌지 염려스럽기 때문이다. 가르치는 방식에 모두 순응해야 하고, 주입하는 것을 암송하고, 가르친 것을 아무런 의심과 생각 없이 실행하는 아이들을 길러 내는 것이 교회교육의 목표인가?

현재 교회교육은 입으로는 천하보다 귀한 한 영혼이라고 말하지만 길러 내는 과정은 예배라는 틀 안에서 획일적으로 찍어 내는 상태와 가깝다. 좋은 예배 태도를 훈련한다는 의도로 아이들을 제품처럼 생산하고 있는지도 모른다.

---

24   하워드 가드너/ 문용린, 유경재 역, 『다중지능』(웅진지식하우스, 2007), pp. 21-25.

교회교육은 무엇을 지향하고 있는가

아이들은 학교에서 평균 이상이 되기 위해 학원에 가고 사교육에 의존했다. 반면, 교회에 오는 목적은 학교와 학원을 찾는 동기와 근본적으로 다르다. 그럼에도 불구하고 주일학교를 결과 중심이었던 학교처럼 만들고자 한다면 주일학교 유래와 사명을 망각한 것이다.

로버트 레이크스는 공장 속의 아이들을 제품이 아니라 한 명의 숭고한 인간으로 생각하고 주일학교를 시작했다. 당시 세상은 아이들을 기계의 부품으로 보았다. 찰리 채플린의 영화 〈모던 타임즈(Modern Times)〉는 공장이 제품들을 제조해서 다음 공정으로 넘기는 것처럼 학교가 아이들을 다음 공정으로 넘기는 현실에 저항하는 메시지를 담기도 했다.[25]

이와 달리 최초의 주일학교는 아이들을 기계의 부속품이 아니라 '하나님의 형상'으로 인식했고, 아이들의 영혼과 미래를 고민했다. 1780년의 주일학교는 학교와 출발과 전제부터 달랐다. 아이들을 하나님의 형상으로 의미를 부여했다면 아이들 속에는 다양한 재능과 존엄성이 담겨 있다는 말이다. 이것이 우리가 아이들을 대하는 태도여야 한다.

교육학자들은 개인이 획일적이지 않고, 다양하다는 전제로 출발한다. 개인의 다양성에 대한 연구 중에서 20세기 후반부터 시작된 '다중지능' 연구가 있다. 그동안 학교는 성적이라는 하나의 잣대로 학생들을 평가하는 반면, 하워드 가드너(Howard Earl Gardner)는 인간에게는 다양한 재능과 능력이 있다는 것을 입증해 냈다.[26]

25　켄 로빈슨, 루 애로니카(2021) pp. 78-80.

아이들의 능력은 수능에 전적으로 영향을 주는 언어와 수리로만 발휘되는 것이 아니지 않는가. 신체와 음악과 예술과 사회성, 창의력 등 다방면으로 나타난다. 그러나 아이들의 가치는 소위 수능에 의해 판단되었고, 자연스럽게 귀한 재능을 가진 많은 아이가 학교의 시스템 속에서 소리 없이 사라졌다.[27]

이것을 생각한다면 수많은 하나님의 형상이 소리 없이 교회에서 사라졌다는 생각이 든다. 학교의 기준처럼 교회에서 아이들을 판단하지 않기를 바란다. 그러나 아이들의 개성과 다양함을 발휘할 수 있는 공간은 학교와 교회 중 어느 곳이 가장 적절한가? 어떤 기관이 태생적으로 이런 교육적 가치와 부합한가?

학교 교육과 교회교육은 태생과 출발점은 물론 아이들을 대하는 관점과 길러 내야 하는 목적도 다르다. 많은 교육학자가 학교 교육을 개선하자고 제시하는 방향이 교회교육의 태생적 목적과도 맞닿아 있다.

1780년의 주일학교는 아이들을 평가하고, 측정하는 곳이 아니었다. 교회교육은 정보(Information)가 아닌 변화(Transformation)를 목표로 한다. 이런 목표와 유래를 살펴보더라도 주일학교는 태생적으로 학교와 지향점이 전혀 다르다.

그러므로 주일학교가 획일화 되었던 학교를 닮아 가려고 하지 말고, 오히려 성경의 가치에 충실한 것이 수많은 교육학자가 제안하는 교육의

---

26   하워드 가드너/ 문용린, 유경재 역, 『다중지능』(웅진지식하우스, 2007), pp. 27-28. 하워드 가드너는 성적에 영향을 주는 언어지능, 논리수학지능 외에도 인간에게는 음악지능, 신체운동지능, 공간지능, 인간친화지능, 자기성찰지능 등이 있다고 밝혔다. 만일 학교가 늘 평가했던 방식으로 학생들을 평가한다면 처칠, 에디슨, 피카소 같은 인물은 결코 탁월한 사람이 될 수 없었다고 말한다.

27   위의 책, p. 85.

이상에 가깝다. 교회교육은 그 자체로 이미 경쟁력을 갖고 태어났다. 이제 교회교육은 비교할 필요 없이 우리만의 궤도 위를 달리면 된다.

교회교육이 의미 있는 이유

아이들의 타고난 재능과 열정, 잠재력을 발견하는 것이 교육 목표다.[28] 그 숭고한 목표를 생각했을 때, 교회는 학교보다 유리하다. 학교 교육은 하기 싫어도 해야 하고, 성적을 위해서라면 억지로라도 암기해야 한다. 이런 주입식 교육에 흥미를 느낄 아이들은 없다. 대학 진학을 위해서 어쩔 수 없이 모든 학생이 이런 과정을 겪었을 것이다.

반면 주일학교는 입시를 위한 것도 아니고, 주입식으로 무엇인가를 강요받아야 하는 곳도 아니다. 우리가 성경을 배우는 이유는 그것이 우리에게 진리를 알려주고, 삶을 은혜로 풍요롭게 하며, 하나님의 나라가 우리의 삶 속에 함께 하신다는 것을 알기 때문이다.

의미와 흥미를 가질 때 교회교육은 그 자체로 배움의 동기가 된다. 반대로 이 두 가지가 없으면 주일학교는 끔찍한 공간이 되고 만다. 다시 말해 학교를 따라가려는 순간 교회는 오기 싫은 곳으로 변한다.

교회에 오는 아이들은 봉사 활동의 출석을 확인받는 것처럼 대학 진학에 사용하려고 교회에 오지 않는다. 대부분 아이들은 자의 반, 타의 반

---

28   켄 로빈슨, 루 애로니카(2016), p.352. 자신이 타고난 자원을 발견하는 것이 엘리먼트다. 교회는 엘리먼트를 극대화시킬 수 있는 매우 좋은 장소다.

으로 교회에 '와 준다.' 학교와 학원이 중요해 보이기는 하지만 필요가 사라지는 순간 학교와 학원은 가야 할 의미가 사라질 것이다.

반면, 매주 아이들이 교회에 오는 것은 '차려진 밥상'과 같다. 그 배움의 밥상 위에 의미와 흥미를 담아내는 것이 우리 몫이다. 교회교육은 그 1시간에 모든 것을 걸어 의미를 담아낼 수 있는 기회이기에 양보할 수 없고, 이 시간을 대예배로 간주하고 준비해야 한다.

그러나 아이들의 시선으로 우리의 주일학교를 객관적으로 살펴본다면 우리는 밥상을 정성스럽게 차리고 있는가? 아이들은 그 1시간을 기대하며 기다리는가? 아니면 부모나 교사들을 위해 '나가 주는' 곳인가? 우리에게 주어진 1시간에 아이들을 설득할 수 있는 밥상을 차려야 한다.

주일학교, 52주의 시간

주일학교의 1시간이 짧다면 짧고, 길다면 길 수 있다. 내가 영국에서 유학할 때, 아들은 초등학교 3학년으로 집 근처 영국 시골 학교를 다녔다. 영국은 교육 복지가 잘 되어 있어서 무상으로 배울 수 있는 것이 많다.

아이는 4년간 학교에서 매주 1시간씩 바이올린과 피아노를 배웠다. 집에서 악기를 따로 연습하지 않았기에 악기를 접하는 시간은 일주일에 딱 1시간이다. 방학과 휴일을 뺀다면 1년에 52시간을 배우는 것은 아니다. 그러나 4년 정도가 되면 기대치가 생긴다. 아이는 귀국 후 중학교 장기자랑에서 바이올린 독주를 했고, 단기 선교를 가서는 피아노를 연주했다.

이런 기억은 특별한 것이 아니라 누구나 가지고 있을 법한 것이다. 가령 집 근처에서 태권도 도복을 입고 다니는 아이들, 피아노 학원에 다니는 아이들을 생각해 보자. 일주일에 1시간이면 5년 후에는 기대치가 생긴다. 10년이면 전문가의 포스가 난다.

그렇다면 일주일에 1시간 동안 교회를 다니는 아이들에게 5년 후에는 어떤 기대치를 가지는가? 이것이 핵심이다. 빌 클린턴 전 미국 대통령은 선거 유세시 복잡한 설명 대신 단순하면서도 뇌리에 각인시키는 전략을 사용했다. "바보야, 문제는 경제라니까!(It's the economy, stupid!)" 이 슬로건은 클린턴이 유세에서 사용한 문구로 유명하다. 이를 패러디해서 한마디 하고 싶다. "바보야, 문제는 520번이라니까!"

교회교육의 대안들이 쏟아져 나오는 것이 어제 오늘만의 일은 아니다. 그 대안이 진짜인지 가짜인지 구분할 수 있는 지표가 있다. 바로 '52주'를 대입하면 된다. 그 대안을 52주 동안 혹은 주일학교 10년이면 520주 동안 지속시킬 만한 가치가 있는가? 그렇다면 그것은 집밥이다. 그러나 대부분의 경우 한두 번 반짝하고 사라질 내용을 내세워 주일학교의 대안이라고 주장한다면 그것은 불량 식품이다.

주일학교가 중요하고 가치 있는 이유는 한 아이가 10년이면 520번 주일학교에 온다는 사실이다. 우리는 한 아이의 10년을 어떻게 내다보고 가르칠 준비를 하는가? 시간의 양(量)에 질(質)을 탑재하는 과정은 교회교육이 반드시 풀어야 할 숙제다. 현재 나온 교재들은 10년을 내다보는 과정으로서의 1년 교재인가, 아니면 1년만 바라보고 소비하는 것인가?

아이들은 공식적으로 주일학교에 20년간 머문다. 그렇다면 약 1천 번 교회에서 신앙교육을 받는 셈이다. 1천 번 교회에 나오는 동안 아이들은 여러 번 큰 변화의 순간을 경험한다. 유아기 때 엄마에게 업혀서 교회에

올 때부터, 주일학교를 떠날 무렵인 고등부에 속할 때까지 아이들은 급격한 성장과 변화를 거친다. 이 변화에 맞춘 배움이 성장기에 이루어지는가? 아니면 전 연령을 예배라는 틀 속에 똑같은 기준으로 대하고 있는가?

한 아이가 1천 번 교회를 나오는 동안 주일학교가 그 아이의 어떤 성장기를 담당하는지 그것을 이해하고, 접근법을 달리하는 교육이 반드시 매뉴얼로 제시되어야 한다. 해당 시기를 지나면 그 연령의 특징은 다시 돌아오지 않기 때문이다.

교회교육에 확신을 가지자

통제하는 교육은 겉으로 봤을 때 효율적으로 보인다. 주일학교 20년 동안 변화무쌍한 아이들을 효율적으로 가르친다는 것은 아이들의 입장에서의 효율이 아니다. 설교할 때 어린 아이들이 떠들지도 않고, 가만히 듣는다고 생각한다면 설교자인 나는 상당히 좋은 평판을 가지게 된다. 교사가 가르칠 때 아이들이 일사분란하게 통제되어 따른다면 능력 있는 교사로 인식된다.

이런 의미에서의 '효율'은 아이들을 위한 관점이 아니다. 미운 세 살, 미운 일곱 살, 사춘기의 청소년들이 자신들의 개성과 변화를 억제하고 통제에 따르는 것이 효율이고 정상이라고 생각한다면 교육은 아이들에게 폭력일 수 있다. 교육은 교사의 확신에서 나오는 것이며 그것이 정도를 걷는 교육 담당자가 가져야 할 철학이다.

교육은 한 아이의 영혼을 바라보고 접근하는 것이다. 칼 비테(Karl

Witte)는 한 명을 위한 교육 철학을 몸소 증명해 낸 인물로 개신교 목사이자 교육자였다. 그는 자녀를 통해서 교육이 얼마나 중요한가를 입증하며 아이를 변화시키는 것은 재능이 아니라 교육이라고 주장했다. 소질이 50에 불과한 아이라도 80의 재능을 가진 아이들을 능가하게 만드는 것이 교육이다.[29]

이것은 칼 비테뿐만 아니라 많은 교육학자가 공통적으로 주장하는 내용이다. 규격화된 교육이 아니라 개개인에 맞는 교육이어야 한다.[30] 한 사람을 바라보는 이런 교육을 교회 외에 어디에서 기대할 수 있겠는가? 한 학급이 획일적으로 진도에 맞춰야 하는 것과 달리 교회는 개인에 맞는 배움이 가능하다.

칼 비테는 아이들을 위한 교육에서 가장 이상적인 인원은 2-3명이라고 말했다.[31] 주일학교는 교사 1명이 2-3명 정도의 소수의 아이들을 담당할 수 있도록 세팅이 가능한 구조다. 주일학교는 아이들의 잠재력과 재능을 발휘하기에 나쁘지 않은 구조를 갖고 있다. 이런 구조의 특징만 잘 살리면 교회교육은 상당히 많은 것을 시도해 볼 수 있다.

아이들이 진심으로 목말라하는 것은 관심과 애정이다. 아이들의 일주일 스케줄을 떠올려 보자. 일주일의 시간에서 자신의 가치를 인정받는 시간은 얼마나 될까? 어쩌면 주일학교 교사로부터 받는 관심과 애정이 아이들에게는 '산소호흡기'와도 같을지 모른다.

---

29   칼 비테/ 김일형 역,『칼 비테 교육법』(차이정원, 2017), p.65.
30   위의 책, p.54.
31   종종 주일학교 교사가 맡은 아이들의 인원이 능력의 척도로 인식되는 경향이 있다. 많은 아이를 담당하면 우쭐하고, 적은 아이들이 맡겨지면 소심해지기도 한다. 그러나 칼 비테가 2-3명을 가장 이상적으로 언급했다면 주일학교에서 바라보는 인식도 개선되어야 한다.

아이들은 자신을 신뢰하고 자존감을 높여 주는 어른 두 명만 있어도 결코 삶의 희망을 놓지 않는다.[32] 산소호흡기의 역할을 결코 학교와 학원이 해 줄 수 없다. 담당 교역자와 담당 교사 두 명만 역할을 제대로 감당해도 아이들에게는 산소호흡기가 있는 셈이다.

우리에게 주어진 역할만 잘 감당해도 아이들은 삶의 의미를 발견하고, 살아갈 희망을 붙잡는다는 연구 결과는 정말 가슴 떨리는 숭고한 우리의 사명이 아닐 수 없다. 이것이 진정한 의미에서 효율이다.

주일학교를 개선하기 위한 투자와 환경, 예산도 중요하지만 아이들은 그것을 중요하게 생각하지 않는다. 아이들은 주일학교의 예산이 얼마인지, 교육 철학이 무엇인지에는 관심이 없다. 아이들에게 중요한 것은 산소호흡기가 있는지 여부이다.[33]

이렇듯 주일학교는 유리한 점들이 많다. 그러나 주일학교 원래의 사명을 망각한다면 아이들은 영적으로 질식하게 된다는 것을 기억해야 한다. 이런 생각을 염두에 둔다면 당장 이번 주부터 아이들을 대하는 자세가 달라질 수 있다.

교사는 공과공부라는 정보 제공자가 아니라 아이들의 버팀목이다. 교육학자들이 제시하는 내용을 이번 주에 바로 써먹어 보자. 무엇을 가르치려고 하지 말고, 아이들의 말을 최대한 존중하며 경청하자.

아이들의 말을 듣는 방법을 다섯 가지 단계로 제시한 'SOLER의 법칙'이 도움이 될 것이다. 부디 이 법칙을 마음에 새기고 아이들을 대하기를

---

[32]   조세핀 김, 『교실 속 자존감』(비전과리더십, 2014), pp. 23-25.
[33]   이 부분은 뒤에서 언급할 주일학교가 몰락하는 이유들과 관련이 있다.

바란다. 당장 오는 주일부터!

S(Squarely) :　　아이의 정면을 바라보고 온몸으로 경청하라.

O(Open Posture) : 열린 자세로 보라. 팔짱을 낀 거만한 자세나 스마트
　　　　　　　　　폰을 보거나 한눈을 팔거나 고개를 숙이지 말고 아이
　　　　　　　　　를 마주 대하라.

L(Lean) :　　　　아이에게 몸을 기울여서 내가 듣고 있다는 자세를 취
　　　　　　　　하라. 상담과 교육은 예술과 같은 것으로서 정보를
　　　　　　　　전달하는 것이 아니라 예술처럼 상대를 감동시키는
　　　　　　　　것이기 때문이다.

E(Eye Contact) :　반드시 눈을 쳐다보자. 다른 곳을 보면서 듣지 마라.

R(Relaxed) :　　　조급해 하거나 짜증을 드러내지 말고 침착하게 대응
　　　　　　　　하며 평안함을 주라. [34]

지금까지 1780년 주일학교와 비교해서 학교는 어떤 방식으로 설립되
어 지금까지 정착했는지 살펴보았다. 팬데믹이 우리 삶을 마비시키는 역
기능이 있었지만 교회교육이 그동안 어떻게 작동했고, 무엇이 문제였는
지 확연하게 보여준 순기능도 있었다.

그렇다면 오늘날 주일학교의 책임을 전가하고, 누구의 탓인가를 묻는
것은 우문(愚問)이다. 지금이라도 주일학교에 대한 다음의 질문을 던져야
한다. 피터 드러커(Peter Ferdinand Drucker)는 조직을 새롭게 하기 위해 이

34　　조세핀 김, pp. 175-178.

런 다섯 가지 질문을 던졌다.[35]

- 무엇이 가장 중요한 가치인가?
- 우리의 고객은 누구인가?
- 고객은 어떤 가치를 가장 중요하게 생각하는가?
- 우리에게 무엇을 기대하는가?
- 당신의 계획은 무엇인가?

이 질문을 다시 새롭게 던져 보자. 교사들이 모였을 때, 교사 회의나 세미나 때 진지하게 토론하면서 생각해 보자.

- 주일학교의 가장 중요한 가치는 무엇인가?
- 우리가 중요하게 생각해야 할 대상은 누구인가?
- 아이들은 주일학교에서 어떤 가치를 중요하게 생각하는가?
- 우리에게 무엇을 기대하는가?
- 앞으로 우리의 계획은 무엇인가?

35   앤드루 소벨, 제럴드 파나스/ 안진환 역, 『질문이 답을 바꾼다』(어크로스, 2012), pp. 198-206.

5

연령에 따른 인식과 접근 방법은 다르다

버트런드 러셀이 학교 교육에 대해 '말을 해도 안 되고, 꼼지락거려도 안 되고, 공원의 풀밭 언덕을 굴러 내려와도 안 된다. 아이가 말썽을 피우지 않고 할 수 있는 유일한 일이란 꼼짝 않고 앉아서 차라리 죽었으면 하고 바라는 것뿐이다.'[36]라는 말을 했다.

분명 학교 교육을 꼬집은 내용인데 어쩐지 예배 시간에 아이들을 대하는 우리의 마음을 대변하는 느낌을 받는다. 만일 주일학교 예배 시간에 도무지 통제가 안 되는 아이들이 있을 때 우리는 어떤 인식을 가지게 되는가?

예를 들어, 예배 시간에 가만히 앉아 있지 않고 돌아다니는 3세 아이,

---

36   버트런드 러셀, p. 82.

율동이나 설교에 집중하지 않고, 친구들과 끊임없이 조잘거리는 7세 아이, 예배 시간 내내 고개를 들지 않고 스마트폰만 보는 15세 청소년과 같은 아이들 말이다. 아이들이 믿음이 없어서 그런 걸까? 신앙적인 훈련을 받지 않은 걸까? 아니면 부모의 신앙교육이 잘못되었거나 기도가 부족한 것일까? 반대로 버트런드 러셀이 말하는 것처럼 말썽을 피우지 않고, 꼼짝 않고 앉은 아이들이 우리가 원하는 모습일까?

이것은 지식의 문제가 아니라 철학의 문제이다. 그렇다고 예배 시간에 소란스럽게 방치하라는 말이 아니다. 만일 철학이 없다면 위와 같이 반응하는 아이들을 보면서 우리 스스로가 무능한 교사라고 생각하거나, 혹은 아이들의 예배 태도가 훈련되지 않았다고 몰아갈 확률이 많다. 그러나 아이들이 그런 태도를 보이는 것은 문제가 있는 것이 아니라 지극히 정상적인 반응이다.

교육학에서는 연령별 발달 과정이 기본이지만 교회에서는 생소할 수 있다. 하지만 연령에 따른 특징을 참고한다면 해당 연령을 담당하는 부서는 거기에 맞는 교육을 시도할 수 있다. 부디 연령에 따른 특징을 무시하고 우리가 원하는 대로 아이들에게 강요하는 폭력을 멈출 수 있기를 꿈꾼다.

어린이 놀이

앞서 소개한 화가 피테르 브뢰헬의 그림 중 내 마음에 뜨거움을 불러일으키는 그림은 〈어린이 놀이(Children's Game)〉다. 그는 1560년에 이 그림을 그렸다. 108쪽 그림을 자세히 살펴보자.

250여 명의 어린이들이 80여 가지의 놀이를 즐기고 있다. 자세히 살펴보면 말뚝박기, 굴렁쇠, 공기놀이, 팽이치기 등 우리의 어린 시절을 연상시키는 놀이들이 많이 보인다. '동동 동대문을 열어라, 남남 남대문을 열어라'라는 노래를 부르며 즐겁게 놀았던 기억을 되살려 주는 그림도 있다. '12시가 되면 문을 닫는다'라는 소절을 부를 때면 술래가 되지 않기 위해 긴장했던 짜릿함이 지금도 생생하다.

이 그림이 내 마음을 사로잡은 이유는 무엇일까? 브뢰헬이 살았던 16세기에 르네상스나 바로크 화가들은 왕이나 교회처럼 권력과 재력을 가진 사람들의 주문에 의해 그림을 그렸다. 16세기에는 어린이라는 단어와 개념이 없었으니 어린이를 주인공으로 하는 이런 그림을 그릴 이유는 없었다.

그런 상황에서 한 화가가 250명의 어린이들을 화폭에 담았다는 사실은 충격적이다. 아이들이 이 그림을 주문했을 리 없지 않은가. 그렇다고 250명의 어린이가 한 공간에 모여서 이렇게 놀지도 않았다. 그렇다면 화가는 250명의 아이를 그리기 위해 평소 아이들을 유심히 관찰하고 기억해야 했을 것이다. 그러니 아이들을 향한 애정이 아니고서는 이런 그림을 그린 이유를 설명할 수 없다.

이 그림을 화두로 꺼내는 이유는 이것이다. 우리는 본능적으로 아이들을 가르치려고 들지만 아이들이 배움을 경험하는 최적의 방식은 '놀이'다. 우리의 방식이 아니라 아이들의 방식으로 교육하는 것이 중요하다는 말을 하고 싶었다.

이 그림을 보고 가정이나 교회에서 얼마만큼 아이들과 이런 놀이를 했

$\longrightarrow$

피테르 브뢰헬 〈어린이 놀이〉

우리는 본능적으로 아이들을 가르치려고 들지만 아이들이 배움을 경험하는 최적의 방식은 '놀이'다. 어린이라는 단어와 개념이 없던 시절, 250여 명의 어린이를 화폭에 담은 브뢰헬. 이 그림을 위해 얼마나 많은 아이를 유심히 관찰하고 기억해야 했을까? 그의 시선이 필요한 때이다.

는지 생각해 보며 마음이 아팠다. 귀찮고 피곤하다는 이유로 아이들과 피부를 맞대고 체온을 느끼기보다 스마트폰을 쥐어 준 것은 우리 자신이다.

아이들에게 예배를 강조하는 것은 '거룩'이고, 놀이를 하는 것은 '세속'이라고 생각한다면 교회교육은 이미 경쟁력을 상실했다. 어떻게 하면 이 아이들의 웃음소리를 가정과 교회에서 다시 들을 수 있을까? 아이들로 붐볐던 과거로 시간을 되돌릴 수는 없을까? 아이들의 연령 발달을 참고하면서 교육의 방향을 다시 점검하는 기회로 삼아 보자.

주일학교의 분류와 교회교육의 고민

대형 교회는 연령마다 해당 부서가 있는 반면 절대 다수의 교회는 그러한 시스템이 불가능하기에 큰 교회일수록 작은 교회들에게 시선을 돌리고 책임을 나누는 자세가 필요하다. 작은 교회들과 교류하고, 역량을 나눌 때 한국 교회는 공존할 수 있지만 자기 교회 중심이라면 공멸만 기다리고 있을 뿐이다.

규모가 작은 교회일수록 대개 다양한 연령층을 하나의 부서로 통합한다. 당연히 이런 교회에서 주일학교 전임 교역자를 배치한다는 것은 비현실적이다. 그렇지만 너무 절망할 필요는 없다. 부서라는 범주 안에 있지만 담당 교사들을 적절히 배치하여 연령의 폭을 좁힐 수 있다.

중요한 것은 한 연령으로 이루어진 부서라고 해도 해당 연령의 특징을 모르는 것보다 연령별 특징을 살린 작은 교회가 아이들에게 더 효과적이라는 사실이다. 그러므로 아이들의 연령에 따른 특징과 바람직한 교육

연령	부서 분류 (중형 교회 이상)	중형 교회 이하 (소형 교회)	이상적인 교육의 목표
0-2세	영아부		안정감, 사랑, 오감, 놀이, 인지, 성경 이야기
3-5세	유아부	유치부	
6-7세	유치부		
1-2학년	유년부		복음, 교리, 성경
3-4학년	초등부	유·초등부	
5-6학년	소년부		
중학생	중등부		복음, 성경, 교리, 비전, 성(性) 진로, 문화 등등
고등학생	고등부	중·고등부	

[연령 발달표]

의 목표를 공감하는 것이 중요하다.

위의 표를 본다면 아이들이 태어나서 고등학교를 졸업하는 시간, 즉 주일학교에 몸담는 시간은 무려 20년이며, 햇수로는 1천 번의 주일을 주일학교에서 보내게 된다. 이것은 결코 하찮은 기간일 수 없다.

어른들은 40대와 60대가 '장년부'에 함께 편성되고, 30대와 70대가 같은 예배 속에서 공감한다. 그러나 3세와 7세는 생체의 반응이 다르고, 뇌가 추구하고 인지하는 것이 전혀 다르다. 1천 번 주일학교에 나오는 동안 급격한 변화를 수차례 경험한다.

대부분의 교회는 초등학교 1학년과 6학년이 초등부라는 같은 부서에 포함되고, 4세와 7세가 유치부로 묶이기 마련이다. 하지만 이 연령층의 차이는 40대와 70대의 차이보다 더 큰 차이를 보이는 것이 교육 전문가들의 지적이다.

요즘 TV 프로그램을 보면 분야별 전문가들을 접할 수 있다. 반려견에 대한 탁월한 안목을 자랑해서 '개통령'이라고 불리는 인물이 있고, '금쪽같은' 어린 아이들의 심리를 파악해서 조언하는 전문가도 있다.

우리의 일상 영역에는 이런 전문가들로부터 전문적인 지식을 얻기에 상당한 안목을 갖고 있지만 안타까운 것은 유독 시선을 교회로 옮겨오면 상황은 달라진다. 미운 네 살, 미친 일곱 살, 북한도 두려워하는 중2병 걸린 아이들의 특징이 다르고, 대처해야 하는 방식도 다르다는 것은 상식과도 같다.

그러나 교회에서는 '예배'라는 이름으로 이런 차이가 무색해지는 것을 이해하기 어렵다. 연령별 차이를 간과하고 어떻게 해서든 1시간의 예배 시간 동안 교사의 통제 아래 아이들의 특징을 무력화시키면 '잘된 예배'라고 생각하는 것은 아이러니가 아닐 수 없다. 그런 까닭에 조금 과장되게 표현한다면 예배라는 이름으로 아이들에게 폭력을 반복하는 것이 우리의 일상일 수 있다는 진지한 고민을 해 보기를 바란다.

개통령이나 금쪽같은 상담사가 되기까지 얼마나 치열한 준비와 고민을 했을지 우리는 상상하기 어렵지만 방송에 나와 공신력을 얻는 전문가가 되기까지 전문가가 되기 위해 적어도 인고(忍苦)의 시간을 보냈다는 것은 부인할 수 없다.

주일학교는 그런 과정을 통해 전문가가 된 교육학자의 연구 결과를 얼마나 공감하고, 반영하려 노력하고 있는가? 혹시 말씀과 기도에만 충실하다면 연령별 특징 정도는 얼마든지 극복할 수 있다는 태도와 시선으로 일관하고 있는 것은 아닌지 돌아보아야 한다.

이런 화두를 꺼내는 것이 다소 껄끄럽고 불편할 수 있으리라 짐작한다. 하지만 교회교육 현장의 특성상 영적인 부분을 가르치는 것을 강조하면서 교육 전문가적 견해를 가진 개개인 교사들이 쉽게 의견을 제시하지 못하는 환경이 안타까울 때가 있다. 또한 이런 의견에 공감하는 주일학교 목회자가 있더라도 교사들이 수용하지 못한다면 그것도 퍽 난감한 일이 아닐 수 없다.

해서 나는 이 부분이 나와 같은 현장 사역자들이 감당해야 할 몫이라고 생각한다. 주일학교와 교육학의 접점을 담론으로 꺼낼 수 있다면 아이들에게 더 좋은 영향을 끼치는 시점이 빨라질 수 있으리라 기대하기 때문이다.

칼 비테는 아이들에게 특정한 연령에만 최적화된 시기는 인생에서 두 번 다시 되풀이되지 않는다고 했다. 이 말은 교회교육이 얼마나 중요한 역할을 감당하고 있는지 되돌아보게 된다. 그의 말처럼 환경과 재능을 극복해서 변화시킬 수 있는 방법이 교육이며, 이를 토대로 믿음으로 성장할 수 있도록 하는 것이 주일학교가 원하는 신앙교육 목표이어야 한다.[37]

앞서 제시한 연령 발달표를 달달 외울 필요는 없다. 그러나 해당 연령을 맡은 목회자나 교사라면 이 표를 참고해 인식을 전환해야 하고, 그것을 토대로 정책을 세우고 교육의 방향을 잡기를 바란다. 아이들에게 이 시기는 두 번 다시 돌아오지 않을 것이기 때문이다. 다음 섹션에서는 연령에 따라 교회교육을 어떻게 감당하면 좋을지를 간략하게 제시했다. 이런 인식에 공감을 한다면 더 많은 고민과 노력을 통해 이런 교육적 생각

---

37 칼 비테, pp. 24-42.

을 가진 교사들의 영향이 부서에 더 확대될 수 있기를 소망한다. 이 책을 통해 그런 교사들이 주일학교 내에서 더 큰 목소리를 낼 수 있는 발판이 되기를 바란다.

능력 있는 교사란 예배 시간에 떠드는 것을 통제하는 교사가 아니다. 아이들이 떠드는 것을 정상이라고 생각하고 태연하게 대처할 수 있는 교사이다. 연령별 발달 과정을 참고한다면 무엇이 옳고 그른 것인지 판별할 수 있다. 아이들이 재잘거리고 돌아다니더라도 그것은 정상적인 반응을 했을 뿐이다. 그것을 인지할 때 교사는 스스로를 무능하다고 자책하지 않아도 된다.

태아와 영아를 위한 교회교육

엄마 뱃속에서부터 말을 배우기 직전까지의 아이들을 생각해 보자. 교육학에서는 태교가 태어난 이후의 어떤 시기보다 효과적이라고 입을 모아 말한다. 뿐만 아니라 생후 24개월 이내의 기간은 한 인생의 인격과 감정을 결정짓는 가장 중요한 시기다.

인식의 차이는 결과의 차이를 낳는다. 이 연구 결과를 받아들인다면 눈에 보이지 않지만 배속의 아이도 주일학교의 연장선상에서 교육해야 하고, 말을 못하는 아기들에게도 치밀한 전략이 필요하다. 그러나 현실은 어떤가? 태아들은 눈에 보이지 않으므로 없는 것으로 간주되고, 갓난아기들은 말을 못하므로 '교육'의 영역에서 배제되기 쉽다.

가장 먼저 점검해야 하는 것은 우리 교회에서 태아들은 어떻게 인식되는지 파악해야 한다. 이것은 대형 교회냐 소형 교회냐의 차원이 아니라 인식의 차이다. 아무리 대형 교회라 하더라도 태아나 영아들이 교육에서 배제되는 경우가 많다. 심지어 유아세례를 주는 것으로 교회교육의 책임을 다했다고 생각하기도 한다. 반면, 작은 교회라 하더라도 태아들이 존중받고, 영아들이 배려받기도 한다. 이것은 교회 규모의 문제가 아니라 철학의 문제다.

태아를 가진 산모의 마음 상태는 태아에게 직접적인 영향을 준다. 그러므로 산모가 예배에 집중하고, 영적인 공급을 받을 수 있도록 설계하는 것은 교회 전체가 감당해야 할 사역이다. 산모가 다른 봉사에 동원되는 것 이상으로 예배 생활을 할 수 있도록 배려하는 것은 이런 인식이 없으면 불가능하다.

교회에서 감당할 능력이 허락된다면 태아부모학교를 개설해서 배 속의 아이들을 위한 교육을 시작하기를 권한다. 소형 교회라면 여건상 한두 명의 산모를 위해 태아부모학교를 개설하는 것이 말처럼 쉽지 않으므로 대형 교회가 태아부모학교를 개설해서 함께 교육의 열매를 누릴 수 있도록 고민을 하면 좋겠다. 이마저 어려운 경우는 인식과 철학을 같이 하는 지역 교회들의 연합으로도 가능한 사역이다.

태아에서부터 말을 못하는 영아에 이르기까지는 어느 시기보다 중요하고, 같은 노력으로도 가장 큰 효과를 볼 수 있는 시기다.[38] 독일의 보수적인 교단의 목사이자 교육가였던 칼 비테는 우리에게 이 시기의 교회교육이 어떠해야 하는지 실마리를 제공한다.

---

38   칼 비테/ 김락준 역, 『칼 비테의 자녀교육법』(베이직북스, 2020), p.25.

그가 제시한 방법은 산모들이나 어린아이들에게 예술을 통해 교육하는 방법이다. 음악, 시, 문학, 그림 등은 감각적 요소들이 녹아 있기 때문에 자연스럽게 하나님에 대한 감각을 익혀 나갈 수 있다.[39] 생각해 보라. 태아부터 영아까지는 비언어적으로 소통하는 시기다.

그렇다면 비언어적인 메시지로 소통하는 예술의 힘이란 우리가 상상하는 것 이상이다. 예술, 인문학 같은 작품들 중 상당수가 기독교 작가에 의해 제작되었고 성경적인 메시지를 담고 있다. 이것을 신앙교육에 적절히 활용한다면 이것이야말로 교회가 반드시 투자해서 찾아내야 하는 교회교육의 블루오션이 아닐까.

이것은 태아를 가진 산모들뿐만 아니라 비언어적 연령의 아이들을 담당하는 교사나 학부모라면 결코 간과해서는 안 되는 내용이다. 그렇지만 여전히 교회교육 현장에서는 성경 암송 같은 것 외에 다른 요소들은 비성경적으로 인식하는 경향이 있다. 이것이 예술과 인문학적 소양의 부족 때문이라면 안목을 키워서 잘 활용하면 된다. 그러나 예술이나 인문학이 성경적이지 않다는 이유로 외면하는 것이 비성경적인 것이 아닐까?

태아와 영아를 대하는 것은 교회 규모의 문제가 아니라 철학의 문제임에 틀림없다. 이 시기의 아이들은 외부의 감각을 스펀지처럼 빨아들이면서 자아를 확립해 간다. 그러나 여전히 많은 교회는 태아와 영아들을 교육한다는 이름으로 부모교육에 초점이 맞춰진 형태를 보게 된다.

물론 아이를 담당하는 부모들의 역할을 존중하는 것은 바람직하지만 영아부 예배 시간에 영아들이 부모의 품에 안겨서 앞에 앉은 부모의 등만

---

39   칼 비테(2020), p.82.

바라보며 1시간을 보낸다면 본질적으로 영아부 예배와 자모실에서 대예배에 참석하는 것과의 차이는 없다.

따라서 이 시기의 교육을 위해 다음과 같은 제안을 해 본다.

첫째, 아이들을 위한 교육을 시작해야 한다. 여건이 된다면 교회 내에서 태아부모학교나 영아부 교육을 시작하고, 그럴 여건이 되지 않는다면 연합을 해서라도 교육이 유지되도록 해야 한다.

둘째, 이런 인식을 모든 교인과 공유해야 한다. 그렇지 않으면 교회에서 서로 다른 인식으로 인해 갈등이 생길 수밖에 없다. 가장 좋은 것은 '헌신예배'를 통해서 왜 태아, 영아 교육이 중요하고 필요한지를 알리는 것이다.

셋째, 아이들에게 직접 교육을 해야 한다. 현재까지 태아, 영아 교육은 거의 대부분 부모 교육이었다. 그러나 이 시기의 아이들이 말을 못한다 하더라도 감각은 흡수한다. 그렇다면 섬광처럼 스치는 방법은 예술이다. 산모나 아이들에게 다양한 예술 작품을 노출시키면 좋다. 차이콥스키가 안단테 칸타빌레를 연주할 때 톨스토이는 그 선율에서 메시지를 이해하고 눈물을 쏟았다. 바흐는 음악을 통해서 자녀들에게 신앙교육을 감당했고, 그의 음악은 루터교회의 찬송가인 '코랄'이 되었다.

그렇다면 태아와 영아들에게 예배란, 물리적으로 자모실이라는 공간에 있는 것이 아니라 예술을 통해서 하나님을 알아 가는 과정임에 틀림없다. 이런 인식이 아이들의 교육을 바꿀 수 있다.

미취학 연령을 위한 교회교육

우리가 연령별 발달을 참고해야 하는 이유는 분명하다. 우리의 기준으로 예배를 강요하는 것이 아니라 해당 연령의 아이들 기준에서 예배가 무엇인지 확신과 인식을 갖도록 하려는 것이다. 미취학 연령의 아이들은 영역을 구분할 능력이 없고, 감각도 한 감각에 국한되지 않는다. 종합적으로 지능, 감각, 재능이 형성되기 때문에 교육을 담당하는 교사나 멘토의 역할이 매우 중요하다.[40] 그런 까닭에 놀이, 감각, 활동까지 예배로 인식하는 철학이 필요하다.

3-5세 무렵에는 아이들의 감정, 감각, 정서, 인지가 형성이 된다. 6-7세 무렵에 인격 형성이 되고, 청소년기에 자아 정체성이 형성된다. 따라서 해당 연령기에 아이들이 돌아다니고, 재잘거리고, 고개를 숙이는 행동들은 믿음의 영역이 아니라 본성이다. 똑같은 행동을 보더라도 이 연령별 이해가 없다면 다른 해석을 할 수 있다.

본성적으로 정상인 아이를 비정상이라고 간주하기도 하고, 예배 훈련이 덜 되었다고 여긴다면 아이들의 인격과 정서에 상처를 줄 수도 있다. 이런 강요는 어른들의 주관적인 판단이지 아이들을 배려한 행동은 아니다.

칼 비테는 태어나면서부터 5세까지의 기간을 '도자기'로 비유한다.[41] 이미 굳어버리면 그것을 고치는 것은 더 어렵다는 의미이다. 반드시 기억해야 하는 것은 5세 이하 아이들에게는 안정감을 심어 주어야 한다는 점

---

40   하워드 가드너, p. 77.
41   칼 비테(2020), pp. 40-41.

이다.[42] 5세까지는 죄의식의 감각이 없기 때문에 사랑 받는 존재라는 안정감을 주는 것이 교육의 핵심이어야 한다.

간혹 5세 이하의 아이들에게 회개 기도를 시키고 죄를 돌이키게 하는 고통스러운 장면을 목격하게 된다. 어린 시절부터 '벌 하시는 하나님'을 세뇌 당하듯이 배운 아이들은 그렇게 도자기가 되어 평생 움츠러들고, 당당하지 못한 태도를 보이게 된다. 신앙교육이라는 이름으로 자행된 무지의 결과로 이런 모습이 나타날 수 있음을 경계할 필요가 있다.

절대 아이들의 안정감을 짓밟아서는 안 된다. 특히 5세 이하 아이들이 돌아다니고 소란한 것은 정서와 감각, 감정을 표출하는 시기이기 때문이다. 그런 행위를 '예배 시간에 감히'라는 시선으로 가르친다면 하나님을 진노하는 분으로 인식하기 쉽다.

심지어 아직 죄의식조차 없는 아이들에게 십자가와 죄, 회개를 강요하는 모습도 교육 현장에서 심심치 않게 목격된다. 십자가는 적어도 죄에 대한 판단이 형성되는 6세부터 가르치는 것이 적절하지 않을까?

또한 이 시기는 여러 지능과 재능들이 결합해 하나의 종합적인 다중 지능을 형성한다. 그러므로 이 시기에는 영역과 분야를 구별하지 말고, 다양한 흥미에 노출시켜서 재능을 발휘할 수 있는 환경을 조성하는 것이 매우 중요하다.

그러므로 5세 이하 아이들은 다양한 영역에서 풍부한 자극과 경험을 쌓도록 해야 한다. 자칫 한 분야를 강조했을 때, 그것이 아이들을 속박해서 가능성을 막는 결과를 낳을 수 있다. 다양한 환경에 노출시켜서 감각

---

[42]   칼 비테(2017), pp. 273-281.

과 감성을 풍부하게 하고, 이를 토대로 자존감을 향상시켜야 한다. [43]

주일학교에서 할 수 있는 범위 내에서 적당한 방법을 고민해 보라고 한다면 '야외 예배'를 꼽을 수 있다. 어쩌면 야외 예배는 이 시기의 아이들에 선택이 아니라 필수일지도 모른다. 어른들은 야외라는 장소적인 측면에서 의미를 찾으려고 한다. 특별한 절기나 명분이 있을 때 야외 예배를 나가려고 하는 것만 봐도 그렇지 않은가.

하지만 아이들에게 최고의 스승은 자연이라는 것을 생각한다면 야외로 나가는 것에서 명분을 찾을 것이 아니라 아이들에게 자연이라는 스승을 만나게 하는 것으로 이해할 수 있다. 이것을 교사와 학부모들과 공감하여 정기적으로 이런 시간을 마련하면 좋겠다.

또 다른 아이디어는 앞서 태아와 영아 부분에서 언급했던 것처럼 비언어적인 요소들을 교육에 적극적으로 활용하는 것이다. 다양한 예술 작품에 노출시켜서 그 속에 내재된 신앙교육을 아이들에게 전달하는 것이다.

이를 위해 직접 경험했던 사례를 소개하고자 한다. 나는 삼일교회에서 교회교육을 총괄하는 동안 벽면을 미술관으로 꾸미는 작업을 시도했다. 120쪽 사진(좌)에 보이는 것처럼 교회마다 비어 있는 벽들이 많다. 이러한 콘크리트 벽면을 그대로 방치할 수도 있지만 바로 옆의 사진(우)처럼 미술관으로 만들 수도 있다. 시각을 달리한 결과였다. 약간의 비용만으로도 차갑고 어두웠던 벽면을 완전히 새롭게 바꿀 수 있다.

아이들을 위해 어떤 환경을 물려주고 싶은지를 고민하며 상상하는 만큼 교회교육은 무한히 커질 수 있는 것이다. 벽을 미술관으로 만들어서

---

43 하워드 가드너, pp. 144-145.

콘크리트 벽(좌), 벽면 미술관(우)

무엇을 얻을 수 있는지 의아하게 생각하는가? 어린아이를 안고 그림을 설명하면서 아이들과 조곤조곤 시간을 보내는 가정이라면 그 아이 감성은 상상 이상으로 풍부해질 수 있다.

나는 그림을 눈으로 보는 것에서 그치지 않고 그림마다 QR코드를 부착하여 스마트폰으로 수준 높은 그림 설명을 들을 수 있도록 했다.[44] 만약 자녀가 있다면 설명을 듣고 아이들에게 다시 그림에 대해 설명해 볼수 있다. 0-5세 아이들이라면 300번 교회에 온다. 매주 10분씩 어린아이들이 엄마 아빠와 그림을 보면서 생각하고 대화를 나누는 경험을 한다면 그것이 살아 있는 교육이 되지 않을까?

5세까지 아이들은 6세 이후 아이들과는 전혀 다른 방식으로 작동한다. 물론 무 자르듯 선명하게 구분할 수 있는 것이 아니라 대략 그렇다는

44 　부록(QR코드 모음) 참조

말이다. 5세는 잠재력의 마지노선이다. 즉, 태어난 아이가 잠재력으로 말을 배우는 시기가 5세까지다. 6세부터는 타고난 잠재력의 절반을 상실한 상태에서 언어를 학습으로 배운다. 타고난 능력의 공백을 학습으로 채우는 것이다.

또한 6세 무렵 대뇌 속에서는 옳고 그름에 대한 윤리적 판단이 작동하고 자아의 인격이 형성된다. 때문에 질문이 폭발적으로 많아지고, 앞서 설명한 대로 옳고 그름의 판단이 생기기 시작한다.

모든 사람이 공감하겠지만 이 시기의 아이들은 왜?라는 질문을 달고 산다. 어른을 귀찮게 하려는 것이 아니라 호기심, 질문, 놀이를 함께 하자고 제안하는 의미일 확률이 높다. 그 요구를 거절하는 것은 아이들에게 죄책감이나 수치심을 느끼게 한다. 거절이 쌓이면 수치심은 물론이고 주도적인 추진력을 상실하고 만다. 그러므로 아이들이 능동적 자세를 갖는 것은 어른들의 사소한 판단에서 비롯된다는 것을 항시 기억해야 한다.

칼 비테는 아이들이 처한 환경을 바꿀 수는 없지만 교육은 바꿀 수 있고, 교육에 의해 크게 좌우할 수 있는 마지노선을 6세 전후로 보았다.[45] 물론 그 이후도 교육이 중요하지만 감정, 정서, 인격의 대부분이 이때 형성된다.

이렇듯 6세 무렵 대뇌에서 옳고 그름, 죄에 대한 분별이 이루어지므로 십자가의 의미와 예수 그리스도의 사역을 본격적으로 설명해야 하는 시기다. 그렇지만 아이들에게 얼마나 정확하고 구체적으로 복음을 가르치고 있는지 생각해 봐야 한다. '예수님', '십자가' 같은 단어 몇몇을 언급하

45　　칼 비테(2017), p.31.

고, 그것으로 복음을 가르쳤다고 생각한다면 착각이다.

아이들은 이야기를 통해서 생각하고 상상하기 때문에 직접적인 설명도 좋지만 이야기를 통해 접근하는 것이 효과적이다. 아이들에게 '하나님의 형상-자유의지-성육신-칭의'라는 신학적 내용을 설명하는 것은 중요하면서도 어렵다. 그렇다고 해서 중요한 개념을 생략하고 십자가만 세뇌시키는 것도 잘못된 것이다.

오랫동안 고민한 끝에 스토리텔링를 통해 사영리의 복음을 제시하는 『동화 속 성경 이야기』를 생각해 냈다. 한 예로 칭의와 구원이라는 개념을 쉽게 설명하기 위해『레미제라블』의 한 부분을 이야기로 선정했다.

장발장이 범죄자라는 것을 알고도 잠자리와 음식을 제공하며 형제라 칭했던 미리엘 신부를 통해 칭의를, 도움을 받고도 성당의 은쟁반과 은수저를 훔친 장발장에게 내가 주었노라 말하는 것으로도 부족해 은촛대까지 내어 주며 경찰의 손에서 풀려나게 도운 미리엘 신부의 행동을 통해 구원을 설명한 것이다.[46]

실제로 유치원 아이들에게 이야기를 들려주고 반응을 살폈더니 재미있었다는 피드백이 돌아왔고, 질문을 주고받는 과정에서 칭의와 구원에 대한 이해가 이루어졌음을 확인했다.

어린아이들에게 이야기로 복음을 소개하는 것도 추천한다. 아이들은 들은 이야기에 충분히 반응하는 것은 물론이고, 어른들이 생각하는 것보다 탁월한 상상력으로 기대 이상의 결과를 받아볼 수 있다. 또한 이런 방식의 이야기를 통해서 아이들은 감정, 동정, 연민 등 소중한 감정을 배울

---

46   부록(QR코드 모음) 참조

수 있으며 스토리 맥락을 통해 윤리 교육의 효과도 누릴 수 있다.

칼 비테는 이 시기를 예술을 가장 피부적으로 생생하게 느끼는 시기라고 말했다. 우리나라에서 많은 아이가 이 무렵에 악기를 배운다. 그렇다면 예배 시간에 그런 재능들을 발휘할 수 있도록 예배 순서 속으로 초대해 보자.

가령 미숙하게나마 바이올린을 다루는 아이가 있다면 예배 시 찬양 시간에 바이올린을 연주하게 하거나 재능을 발휘할 기회를 주자. 그냥 몸만 와서 드리는 예배와 비교해서 집중이나 관심, 참여의 정도가 얼마나 달라지겠는가.

부디 이 시기의 아이들에게 복음을 전할 기회를 모색하고, 스토리텔링을 통한 복음 제시 외에도 다양한 복음 제시의 방법을 현장에서 고민하기를 바란다.

초등학생을 위한 교회교육

8세 이후 초등학생 시기는 사회성을 알아 가는 단계이다. 또한 자신의 능력을 경험하기 시작하는 시기이기도 하다. 아이들은 수치화된 능력, 즉 성적에 따라 스스로 우월감과 열등감을 느낀다. 그러므로 아이들에게 열등감, 책망, 비교의식을 자극하는 것은 아이들을 패배자로 만드는 독약이다. 열등감을 본격적으로 느끼기 시작하는 연령이기 때문이다.

초등 저학년 아이들은 어떻게 자존감을 높일 수 있을까? 말로 설명해 주입하고 암기시키는 것은 자존감과는 정반대 방향으로 가는 것이다. 반복적으로 말했지만 이런 방식은 우리 자신들의 만족에서 비롯된 교육이다. 초등학생 아이들에게 완성도, 성취도도 중요하지만 직접 참여하게 하는 것이 자존감을 높이며, 의욕을 끌어올리는 매우 중요한 시도다.

간혹 초등학교 담벼락에 학생들의 그림이 그려져 있다거나 공공장소에 초등학생들의 그림이 전시된 것을 볼 수 있다. 고작 초등학생의 그림이기에 완성도도 미흡할 텐데 무엇 때문에 아이들의 그림을 전시하는 걸까? 앞서 말한 것과 같은 맥락에서 생각해 보면 답은 쉽다. 아이들이 전시에 참여했다는 것을 통해 자존감을 높여 주기 위함이다.

주일학교도 이와 같이 하면 된다. 아이들에게 참여할 수 있는 통로를 만들어 주고, 지혜를 짜내어 사소한 역할이라도 부여해 보자. 특히 여름성경학교는 아이들의 참여와 역할을 발휘할 수 있는 절호의 기회다.

이미 밝혔듯이 완성도를 생각해서 시작하는 것은 아이들에게는 좋지 않은 접근이다. 완성도가 좀 떨어지면 어떤가? 아이들의 자존감은 무럭무럭 자라날 테니 말이다. 아이들을 수동적으로 참여시키지 말고, 그림을 직접 재해석해서 평가하게 함으로써 표현하는 훈련을 시도해 보는 것도 좋다.[47]

지금까지 학부모들과 교사들로부터 가장 큰 호응을 얻었던 프로그램은 '그림으로 표현하는 성경학교'였다. 기독교 색채를 지닌 명화들을 제시하고 조별로 그림을 표현하도록 했다. 그 과정에서 필요한 아이템을 획득하는 게임에도 열성적으로 참여했다.[48]

---

47 하워드 가드너, p.194.
48 부록(QR코드 모음) 참조

교회에서 성경학교가 열리면 아이들은 교사로부터 성경과 관련된 정보만 잔뜩 얻는다. 그러나 그림을 통해 아이들의 생각을 발휘하게 했을 때 아이들은 한 명도 소외되지 않고, 적극적이고 능동적으로 자신의 재능을 발휘하는 것을 볼 수 있었다.

이미 말했듯이 아이들이 표현하는 작품의 완성도가 높으면 얼마나 높겠는가. 그러나 아이들은 행사가 끝나고 부모들에게 연신 이야기를 쏟아낼 정도로 자신감과 성취감을 느꼈다는 이야기를 전해 듣고 얼마나 뿌듯했는지 모른다.

그렇다고 성경학교만을 기다리며 기대할 수는 없는 노릇이다. 성경학교는 고작 1년에 한두 번 진행될 뿐이다. 그보다 더 중요한 것은 공과공부다. 하지만 주일학교 공과공부를 위해 반별로 장소를 갖춘 교회가 우리나라에서 얼마나 있을까 싶다. 공과공부 시간은 거의 도떼기시장을 방불케 한다. 공과공부의 현실이 궁금하다면 다음 126쪽 사진을 보기 바란다.

왼쪽 사진이 바로 공과공부가 진행되는 현실적인 모습이다. 한 공간에서 여러 반이 모여 앉아 공과공부를 진행하고 있다. 반별로 나뉘어 앉아 있다고는 하지만 이렇게 소란스러운 환경에서 공과공부가 제대로 될 리 없다.

그렇다면 오른편 사진을 보자. 벽면에 그림을 게시해서 교사와 아이들이 그 앞에서 신앙교육의 일환으로 대화를 나누는 것이 공과공부의 대안이 될 수 있다. 소란스러운 공간을 피해서 담당 교사들이 두세 명의 아이들, 혹은 한 아이를 데리고 그림 앞에서 공과공부를 한다면 아이들이 느끼는 감성과 감각은 얼마나 달라질까?

대안으로 제시된 오른쪽 사진의 두 아이는 8세다. 정확히 3년 전, 이

공과공부의 현실(좌)과 대안(우)

그림으로 신앙교육을 시작했을 때 이 아이들은 5세였다. 이 아이들이 3년 전 기억을 더듬어 부모에게 그림을 설명하던 순간을 잊을 수 없다.

아이들에게 이런 감각을 주는 것과 주입식으로 설명하는 것은 결코 같을 수 없다. 다양한 그림을 통해 공과공부를 진행한다면 아이들의 기억과 감각에 평생 신앙교육의 흔적을 남길 수 있고, 공과공부의 위기도 창의적으로 해결할 수 있다. 위 사진처럼 그림으로 대화를 나누며 소통하는 것이 창의력을 길러 주는 구체적인 방법이다.

아이들이 줄어들면서 어쩌면 빽빽하게 앉아 공과공부하는 아이들 모습은 추억에만 존재하는 시대에 접어들었다. 이것은 교회가 직면한 가장 큰 위기다. 그렇지만 위기는 기회의 얼굴로 찾아온다.

위기를 기회로 만든 사례로 〈쉐이커스〉라는 단체를 소개하고자 한다. 해당 단체는 초등학생을 비롯한 청소년들에게 복음을 전하며 여름과 겨울에 역동적인 집회를 하는 것을 주요 사역으로 삼고 있다.

쉐이커스 사역 초기에는 격주 토요일마다 학교에 가지 않던 날을 사역의 기회로 삼아 '놀토캠프'를 개최했다. '놀토'라는 명칭으로 시작을 했으니 주 5일제가 시작되던 2005년 즈음부터 시작해 역사가 꽤 오래되었고, 그 정신은 지금도 이어지고 있다.

이 단체의 젊은이들은 놀토마다 주일학교가 없는 곳으로 찾아가 아이들을 만나고 복음을 전한다. 주일학교가 없는 곳이라면 당연히 아이들도 많지 않은 곳이다. 그 젊은이들의 열정과 함께 잊히지 않았던 것은 인상적인 인원 비율이었다.

청년 교사와 아이들의 비율이 어떤 날은 13대 2, 어떤 날은 19대 4가 되었다. 2명의 아이들을 만나기 위해 13명의 교사들이 그곳으로 향하고, 4명의 아이들을 만나려고 19명의 교사들이 전국으로 향한다. 우리는 보통 그 비율이 반대일 때 익숙하다고 느낄 테지만 그들은 그렇게 움직였다.

비효율적으로 느껴지는가? 2명의 아이에게 13명의 교사가 찾아와 자신들을 위해 프로그램을 진행하고 놀아 주며 예수님을 소개하는 것이 아이들의 입장에서는 어땠을까? 아마 그 소수의 아이들이 느낀 감동은 평생 남을 것이다. 이처럼 교사들의 진정성을 통해 예수님을 받아들일 통로가 생긴다.

이제 생각을 바꿀 때이다. 아이들이 줄어든다는 것은 위기임이 분명하다. 그러나 오히려 한 아이에게 예수님 이야기를 들려줄 수 있는 새로운 기회로 삼을 수 있다. 한 아이를 위해 여러 교사가 힘을 합쳐 말씀을 준비하고 놀이를 진행하고, 이야기를 들려주는 것은 교회 밖에서는 접하기 어려운 환경이다. 누가 보더라도 비효율적이기 때문이다.

그렇지만 이런 비효율적인 방식으로 하나님이신 그분께서 사람의 몸을 입고 오셔서 비천하고 낮은 사람들과 어울리시고, 친히 이 땅에서 놀토캠프를 여셨다. 그 예수님을 우리가 구주로 고백한다면 한 아이를 위해서 예배를 준비하고, 성경을 전하려는 교사들의 마음에서 오히려 그리스도의 향기를 느끼게 된다.

비효율의 역설은 이뿐만이 아니다. 스코틀랜드에서 엄격한 칼뱅교(장로교) 가정에서 태어난 소년이 있었다. 엄마는 독실한 신앙인이었지만 늘 형 데이빗을 편애했다. 그러던 어느 날 형이 스케이트 사고로 죽었고, 엄마는 절망에 빠졌다. 소년은 엄마를 위로하고 싶은 마음에 형의 옷을 입고 엄마에게 다가갔고 엄마는 그제야 위로를 얻었다. 그때 소년은 '평생 자라지 않는 어린이'라는 모티브를 마음속에 품었다.

소년이 자라 작가가 되어 런던에 왔을 때 리젠트 파크에서 르웰린 가족을 우연히 만나게 되었고, 그중에서 피터라는 한 아이와 마음을 나누게 되었다. 그가 피터만을 위해 쓴 작품이 바로『피터 팬』이고, 이 작가는 제임스 매튜 베리(James Matthew Barrie)였다. 비효율적인 이야기는 그렇게 탄생했다.

스코틀랜드에 또 다른 소년이 있었다. 그 역시 독실한 칼뱅파 가정에서 태어났다. 그는 천성적으로 몸이 약해서 기침과 천식을 달고 살았다. 그런 탓에 정상적으로 학교를 다닐 수도 없었다.

이 연약한 소년은 어린 시절부터 유모가 읽어 주는 이야기를 들으며 자랐다. 학교에 다닐 수 없었던 대신 그가 누렸던 환경은 문학적 능력과 상상력을 키워 주기에 충분했다. 소년은 이를 바탕으로 시 쓰기를 즐겼다.

『아이반호』,『웨이벌리』의 작가 월터 스콧(Walter Scott)은 선천적 장애가 있었지만 스코틀랜드가 자랑하는 작가 중 한 명이 되었다. 소년은 스콧

경에게 자신이 상상력을 발휘해서 쓴 시를 보여 주었고, 그는 이 소년에게 문학적 재능이 있다며 크게 칭찬을 해 주었다.

몸이 아프다는 공감 때문이었을까? 격려를 받은 아이는 성장해 작가가 되었다. 그 역시 제임스 매튜 배리와 마찬가지로 한 미망인의 아들 로이드에게 들려주기 위해 글을 쓰게 된다. 그 글이 바로 지금도 아이들에게 꿈과 모험을 주는 『보물섬』이며, 그가 바로 『지킬 박사와 하이드』의 작가 로버트 루이스 스티븐슨(Robert Louis Stevenson)이다.

『피터 팬』이나 『보물섬』은 편애와 질병이라는 상처를 가진 작가가 한 명의 아이에게 들려주기 위해 썼던 작품들이다. 이 작가들은 오직 한 명의 아이를 위해 비효율적으로 작품을 썼다. 그러나 그들의 진심은 위대한 이야기가 되었다.

한 아이를 위해 예수님을 소개하고, 함께 놀아 주고, 예배를 준비하는 것이 결코 가볍거나 시시한 행동이 아니다. 그런 마음으로 한 아이를 대할 때, 우리만의 『피터 팬』이나 『보물섬』을 써 내려가게 될 것이다.

청소년을 위한 교회교육

청소년들을 대할 때, 교회교육의 전제는 '밑 빠진 독에 물 붓기'다. 절대 단기적인 교육 효과를 기대해서는 안 된다. 청소년들에게 생색을 내는 것이야말로 프리즌 브레이커를 양산하는 것이다. 분당우리교회의 이찬수 목사님이 과거에 청소년 사역을 전문적으로 하던 시절에 이런 말을 남겼다. "중학생은 사람이 아닙니다. 그냥 중학생입니다." 그 표현을 지금도 잊을 수 없다. 중학생을 '사람'의 기준으로 이해해서도 안 되고, '상식'이라는 잣대를 들이대서도 안 된다. 믿음과 인내가 필요하다.

청소년 시기는 자아의 정체성이 확립되는 단계이다. 대인 관계, 친구 관계, 성(性)에 대해 인식을 시작하며 감정과 신체가 급격히 발달하는 시기다. 사회성, 친밀감, 상호 존중, 공감에 목말라 한다.

이 시기의 아이들에게는 특히 인정에 목말라하는 욕구가 유독 두드러지게 나타난다. 인정 욕구는 밥과 같다. 밥을 많이 먹으면 비대해지겠지만 '인정 밥'이라면 과식을 해도 괜찮다. 청소년들이 인정에 목말라하는 이유는 연령별 발달의 본능이다.

자신이 무능하게 보이는 것을 극도로 싫어하기 때문에 어떤 형태로라도 과시하려고 한다. 어른들은 이해하지 못하겠지만 아이들에게 공부, 게임, 운동 중 각 분야에서 탁월한 재능을 보인다면 아이들은 그것을 다 같은 선망의 대상으로 본다. 그래서 아이들은 자신의 탁월함을 보이기 위해서 PC방을 드나든다.

인정받는 것은 산소호흡기, 혹은 숨쉬는 구멍이다.[49] 따라서 주일학교 교사라면 아이들의 사소한 재능을 발견하고 인정해 주는 것은 중요한 사역의 일부분이다. 적어도 아이들 한 명 한 명은 하나님 형상이 담긴 가치 있는 창조물이다. 교회 외에서는 어디에서도 이런 가치를 부여하는 곳을 접할 수 없다.

교사가 아무리 스스로 무능하다고 생각해도 청소년들을 칭찬하고 격려하는 것은 얼마든지 할 수 있다. 기억하라. 청소년들에게 산소호흡기

---

49   칼 비테(2017), p. 307.

가 되는 것이 가장 중요한 교사 사역이다. 인정에 목말라 있는 아이들은 인정이라는 밥을 먹으면서 자신의 정체성에 눈을 뜨기 시작한다.[50]

내가 교회교육 현장과 소명중·고등학교에서 확실하게 느낀 것은 이것이다. 청소년들을 위한 신앙교육은 가르치는 것이 아니라 스스로 발휘할 수 있도록 도와야 한다는 것이다. 청소년들에게 신앙교육을 하다 보면 아이들은 이미 '답'을 가지고 있고, 알고 있다. 단지 행동으로 표현을 하지 않을 뿐이다. 아이들이 답을 표현하게 하고, 인정받을 수 있는 장을 만들도록 고민해 보자.

우리는 일반적으로 아이들을 논리수학적 지능, 언어지능, IQ와 같이 소위 공부 잘하는 지능이 높은 아이들을 우등생이라고 칭한다. 하지만 이런 지능이 떨어지는 아이들은 그 외의 다른 지능이 높아 다른 방식으로 얼마든지 배움을 지속할 수 있다. 다만 우리의 교육적 현실이 획일화되어 있기에 그 방식을 적용하지 못하는 데 문제가 있다.

다행인 것은 교회는 아이들이 다중지능을 발휘할 수 있도록 기회를 제공할 수 있는 곳이라는 점이다. 성경을 기반으로 하는 교육이 주일학교 교육의 중심이 되어야 하지만 아이들이 다양한 방편으로 그 배움을 표현할 수 있도록 해야 한다.

소명중·고등학교 학생들에게 신앙교육을 하면서 처음 두 달은 일반적인 방식으로 수업을 진행했다. 그러다 아이들이 스스로 표현할 수 있도록 토론과 표현의 기회를 주었을 때, 아이들은 다양한 지능을 이용하여 번뜩이는 아이디어를 내놓았으며 기대 이상의 결과를 이끌어 냈다. 주입식 교

육만을 받던 아이들에게 이 같은 역발상적 교육은 신선한 자극이었으리라.[51]

앞서 1장에서 역발상을 언급하며 청소년들에게 성지순례 기회를 주자고 제안했다. 필자가 처음 집필한 책은 『유럽비전트립』(두란노)이다. 청년들을 비전트립으로 인솔하면서 완성했지만 시작은 청소년들로부터 비롯되었다.

2002년에 아현동 언덕 위에 있는 교회에서 사역하면서 25명의 청소년들과 함께 유럽 땅을 처음 밟았다. 지금에서야 고백하지만 25명의 청소년들 중에 참가비를 완납한 아이들은 절반도 채 되지 않았다. 어떤 아이들에게는 무료 혜택을 주었고, 어떤 아이들은 남몰래 후원 헌금을 하신 분들의 덕을 보았다. 지금 다시 하라고 하면 못할 것 같다. 하지만 청소년들을 믿고 후원해 준 어른들 덕분에 아이들의 태도와 삶 자체가 달라졌다.

나는 교회가 조금만 더 융통성을 발휘하면 좋겠다. 20대 교역자들에게 조금 더 권한을 제공하고, 믿어 주고, 배려해 준다면 그 신뢰는 진정성이 되어 돌아올 것이다. 다만 두 가지는 엄격해야 한다. 교회 머리는 그리스도이며, 청소년들은 목회자의 제자가 아니라 그리스도의 제자가 되어야 한다는 점이다. 신뢰란 이것을 원칙으로 이루어져야 한다.

---

51   부록(QR코드 모음) 참조

약육강식이 아닌 노블레스 오블리주

대형 교회는 자체적으로 교사 세미나를 비롯한 교사 훈련 프로그램들이 잘 갖춰져 있다. 학년별로 이루어져 있고, 부서별 예산도 부족하지 않다. 심지어 어떤 교회는 수십 대의 봉고차와 버스를 방과 후 학교 주변 학원 차량처럼 운행하며 쉼 없이 아이들이 타고 내리기를 반복한다. 반면 성도가 적은 작은 교회는 주일학교 운영조차 벅찬 경우가 많다.

교회 규모에 따라 약육강식이 적용된다면 저출산의 위기 속에서 한국 교회는 공멸할 수밖에 없다. 주일학교는 약육강식이 아니라 '노블레스 오블리주(Noblesse Oblige)'가 되어야 한다. 다양하고 충분한 자원과 인원을 갖춘 대형 교회는 주변을 돌아보기를 권한다. 인원이 부족해 제대로 부서를 꾸릴 수 없는 교회가 있다면 내 교회에 급급하지 말고 상생의 방법을 모색하면 좋겠다.

태아부모학교, 청소년 교사 세미나, 초등부 자료 공유 등을 통해 기회를 나누고, 아이디어를 공유해 교육의 불평등을 해소하려는 노력만이 교회의 미래를 보장할 수 있는 최소한의 배려이지 않을까.

또한 작은 교회가 연합하고 연대하는 사례도 적지 않다. 이렇게 협력하는 방법도 있다. 각 교회들마다 임산부가 한두 명에 불과하다면 태아부모학교를 운영하기란 현실적으로 어렵다. 그러나 10개 교회가 모인다면 가능하다. 이렇게 주일학교 교육을 위해 머리를 맞댄 10개 교회가 있다면 교파와 교단 차이는 장벽이 되지 않는다.

연령별이 아닌 1-7세가 유치부라는 이름으로 통합된 조직에서 5세 이하 아이들을 맡은 교사들은 공급받을 수 있는 교육도 부족하고, 가르칠 수 있는 아이디어도 한정적이다. 아이들을 위한 특별한 교육을 시도하기도 쉽지 않다.

이런 경우라면 해당 부서가 특정 연령에 특화된 운영을 할 수는 없다. 그러나 주변 교회들과 연합하고 연대하여 세미나를 진행한다면 해당 연령의 교사들이 서로 배울 수 있고, 사례 발표를 통해 생각을 공유할 수 있다. 작은 교회들의 합집합이 보다 건강한 시너지를 만들어 낼 수 있을 것이다.

함께 뭉치면 큰 힘이 발휘된다. 여기 저기 이러한 가능성의 씨앗을 발견할 수 있다. 큰 교회가 주도하면 좋겠지만 우리 교회부터 할 수 있다는 마음가짐이 발현될 수 있을 것이다. 우리 교회와 2-3개 이웃 교회가 연대하는 첫 스타트가 필요하다. 그것이 정착되면 그 교회들은 또 다른 교회와 연결해서 커뮤니티를 형성하게 될 것이다.

교회들이 연대해서 프로그램을 더욱 풍성하게 만들 수도 있다. 아이들이 많지 않은 작은 교회가 단독으로 무엇인가를 하기는 어렵지만 여러 교회가 힘을 합친다면 당장이라도 시작해 볼 수 있는 부분이 있다. 주일학교와 방과후학교, 동네 도서관 프로그램과 협력해서 머리를 맞대는 방법도 있을 것이다.

청소년 지도자들의 활동이 다방면에서 이루어지고 있는 지금, 교회에서의 적극적인 활동이 시급하다. 청소년들은 아이들의 수에 비해 선택의 폭이 너무 크다. 아이들을 위한 세계관 교육, 진로 교육, 적성 교육도 필요하다. 뿐만 아니라 교회에서 쉬쉬 하면서 덮을 수밖에 없었던 성(性) 교육도 필요하다.

개별 교회에서 강사들을 초청하는 것은 인원 동원이나 경제적인 부분에서 부담이 되지만 교회들이 연합한다면 시너지를 얻게 되고, 한결 부담을 줄일 수 있다.

다음 세대를 바꾸는 시작은 우리의 인식에서 비롯된다. 리처드 파인만의 말처럼 관점을 바꿔야 관성을 바꿀 수 있다. 아이들이 변화되기를 원한다면 우리 기준으로 따라오기보다 우리가 아이들 기준으로 내려가는 것이 필요하다. 예수님이 그러셨던 것처럼 말이다.

아이들을 존중하는 교육을 하는 로리스 말라구치(Loris Malaguzzi)가 쓴 시를 소개하는 것으로 마무리를 하려 한다.

> 어린이는
>
> 백 가지의 언어를 가지고 있지만(그리고 백의 곱절이 더 있지만)
>
> 사람들이 아흔아홉 개를 훔쳐가 버립니다
>
> 학교와 문화는
>
> 머리와 몸을 따로 떼어 놓습니다
>
> 사람들은 어린이에게 말합니다
>
> 손으로는 생각하지 말라고
>
> 머리로 행동하지 말라고
>
> 듣기만 하고 말하지 말라고
>
> 재미는 바라지 말고 그냥 이해하라고
>
> 단지 부활절과 크리스마스에만
>
> 사랑하고 감탄하라고[52]

---

52 켄 로빈슨, 루 애로니카(2016), p. 347.

PART 2

함께 변화시키는 매뉴얼

The

one

hurch school

manual that

rson changes.

우리 개인이 어떻게 부서를 변화시킬 수 있는지에 대해 생각해 보았다. 부서를 변화시키기 위해서는 나의 인식과 의지가 중요하다. 내가 왜 주일학교를 고민하는지에 대한 동기 부여, 주일학교를 바라보는 시선, 그리고 아이들을 향한 생각이 변할 때, 비로소 다음 세대의 변화가 시작될 수 있다.

개인의 인식이 달라졌다면 적어도 내가 담당하는 아이들을 변화시키는 것은 나에게 달렸다. 그 누구도 내 반의 공과공부를 대신할 수도 없고, 나를 대신해서 아이들을 만날 사람은 없다.

'내'가 모여 '우리'가 되고, 우리가 함께 같은 방향을 바라보며 하나하나 매뉴얼을 만드는 시도를 할 수 있다면 큰 힘을 들이지 않고 주일학교의 변화를 시도할 수 있다. 변화를 외치는 소리를 우리가 낼 수 있다면 어느 누구도 막을 수 없고, 방해할 수 없다.

주일학교 부서의 매뉴얼을 바꾸는 것을 어느 누가 반대하겠는가? 부서별로 제도의 힘을 키워 나가는 것에 왜 많은 예산이 들겠는가? 우리가 일으키는 변화가 아이들의 영혼을 살리고 세우는 데에 발휘될 수 있기를 기대한다.

6

교사들과 포지션을 나눠 보자

서로 실력을 모르는 상태에서 (어떻게) 경기에 임할지 가장 먼저 의논하는 것은 '포지션'이다. 개개인의 실력이 다르고, 평가 기준이 객관적이지 않지만 포지션은 축구 경기를 할 때 논의하는 기본 중 기본이다.

골키퍼, 공격수, 수비수, 미드필더는 포지션에 따라 무엇을 해야 하는지 암묵적으로 서로 안다. 포지션이 없다면 공 하나에 22명이 우르르 몰려다니는 공 쫓기 게임으로 전락한다.

동네 축구도 포지션을 언급하는데, 하물며 주일학교 교사들에게 포지션 개념이 없다는 것은 결국 매뉴얼이 없었다는 말이다. 매뉴얼이 있다면 피할 수 있는 갈등과 마찰들을 줄였을 것이다.

물론 주일학교에서 생기는 갈등도 당연히 있지만, 피할 수 있는 갈등은 소모적이다. 이것을 기억한다면 우리 부서의 교사 포지션을 구분하는 것만으로도 상당 부분은 갈등을 피할 수 있다. 왜 중요할까? 갈등이 생기는 만큼 피해를 받는 것은 아이들이기 때문이다.

주일학교 포지션을 이해하자

우리가 속한 주일학교 위치를 잘 파악하는 것이 슬기로운 교회 생활의 첫 발걸음이다. 주일학교가 중요한 것은 맞지만, 주일학교도 교회 속에서는 연합해야 할 지체이므로 서로의 관계가 어떻게 연결되는지 살펴보자.

먼저 교회 전체의 목회를 이끌고 가는 담임 목사의 목회 철학과 방향을 파악하는 것은 주일학교의 기본이다. 교회의 목회 방향과 엇나가는 주일학교는 결코 오래 지속될 수 없고, 원만한 관계를 유지할 수도 없다.

간혹 교회가 나아가고자 하는 방향이 마음에 들지 않아 교역자가 자신의 임의대로 끌고 가려는 경우가 있다. 하나님의 부르심을 받고 교육부서에서 첫 사역을 맡는 경우 경험하기 가장 쉬운 실수다.

이런 경우 주일학교는 옳고, 교회는 그르다는 착각에 빠지곤 한다. 그

러나 우리는 시각의 차이에 대해 인정해야만 한다. 우리는 주일학교만 볼 가능성이 높지만 담임 목사는 교회 전체를 본다는 것을 잊어서는 안 된다.

어떤 조직이든지 전체의 질서를 거스르면서 운영할 수는 없다. 담임 목회자가 주일학교를 해체하라거나 성경 이외의 것을 가르치라는 경우가 아니라면 교회와 조화를 이루며 교회의 방침에 발맞추는 것이 질서이고 지혜다. 해당 부서는 전체 조직 속에서 그 역할을 위해 부름을 받은 청지기이지, 그 부서를 위해 교회 전체가 존재하는 것은 아니다.

종종 젊은 교역자들은 혈기를 앞세워 교회의 방향과 다른 방향을 밀어붙이면서 무엇인가를 추진하려는 경우도 있다. 그것은 교회론을 고려했을 때 팔다리가 몸에서 떨어지려는 행위일 수도 있음을 명심해야 한다. 부서는 머리가 아니라 지체다. 머리는 그리스도임을 잊어서는 안 된다.

담임 목사와 소통하고 보고하는 주체는 반드시 부서의 교역자여야 한다. 부서의 상황을 담당 교역자가 아닌 부서의 부장이나 다른 사람이 보고하는 것은 골키퍼가 공격수 자리에서 서성이는 것과 같다. 이렇게 포지션이 엇나가는 경우 불필요한 오해와 인식이 생기게 된다.

때때로 담임 목사와 주일학교의 아이들이 큰 연령 차이로 인해 세대 간의 간극이 생길 수도 있다. 아이들이 접하는 용어, 문화, 유행을 이해하지 못하는 상황도 발생한다. 이럴 때 담임 목사를 이해시키고 납득시키는 것 역시 부서 교역자의 몫이다.

담임 목사는 속된 표현으로 '설교 기계'다. 일주일만 해도 수많은 설교를 만들어 내야 하고, 여러 심방과 회의로 분주하다. 아이들의 취향과 유행어, TV 프로그램까지 신경 쓸 물리적인 겨를이 없는 것은 당연하다.

그런 상황에서 아이들에 대한 담임 목사의 이해 부족을 탓할 것이 아

Part 2 — 함께 변화시키는 매뉴얼

니라 부서 교역자가 부지런히 업데이트 시켜 주어야 한다. 부서에 대한 오해는 제때 보고와 설명을 누락하는 사소한 부주의에서 쌓이는 경우가 많다. 보고를 하지 않아서 갈등이 생기는 것이지 자주 보고하기 때문에 갈등이 쌓이는 경우는 드물다.

당회는 교회 전반에 걸쳐 행정적인 운영을 하고 최종 결정을 내리는 기구다. 예산 수립부터 모든 정책이 당회에서 수립된다. 부서는 해당 부서의 운영과 예산을 바라보지만 당회는 교회 전체의 재정을 조화롭게 분배해야 한다.

교회 예산이 100이라면 당회는 전체 재정 규모를 고려해야 한다. 재원이 한정되어 있는 상태에서 교육 부서에게 100을 줄 수는 없다. 교회의 재정 상황이 어렵다면 함께 멍에를 메는 것이 지체가 해야 할 몫이다.

당회에 보고하거나 요청하는 사람은 부장이어야 한다. 그 역할을 부장이 아닌 다른 이가 맡을 경우 미묘한 문제가 된다. 부장은 부서를 당회와 소통하도록 임명받은 직분이다. 당회와 친분이 있다고 해서 평교사가 부장의 역할을 대신해 소통한다면 부장과 갈등의 씨앗을 남길 여지가 생기므로 포지션을 숙지해야 한다.

당회에서 담당 교역자를 불러서 안건의 세부 내용을 묻는 경우가 있지만 행정적인 부분이라면 부장이 보고해야 한다. 담당 교역자는 담임 목사에게 보고하고, 부장이 당회에 보고하는 것이 건강한 구조다. 실수를 하더라도 이런 구조에서 질책과 피드백을 듣는 것이 오래 지속할 수 있다.

자칫 당회와 부서 교역자는 그럴 리는 없겠지만, 고용주와 피고용인의 관계로 인식하는 경향이 생길 수 있다. 이렇게 피드백을 하는 경우 구조적으로 불편한 상황이 발생하므로 역할 분배를 염두에 두어야 한다.

부장에게는 부서를 위한 지혜가 필요하다. 가령 당회가 교육 부서에 대한 철학이 부족해 유독 주일학교에 대한 지원이 인색한 경우가 있다. 그럴 때 감정적으로 대립해서 갈등을 야기하면 부서만 손해다. 교회 전체의 상황을 고려하기 위해 부장은 재직회에서 공유하는 자료들을 검토하며 소통하는 것이 지혜로운 방법이다.

한걸음 더 나아가서 부장은 당회원들을 주일학교 예배 시간이나 행사에 귀빈 모시듯 초청하고 도움을 구하는 자세를 가져야 한다. 예수님께서도 말씀하시기를 대접받기를 원하는 만큼 대접하라는 황금률을 기억하자.

당회원들을 대접하는 만큼 주일학교를 향한 마음이 열리게 마련이다. 갈등은 사소한 태도에서 비롯되는 경우가 많고, 배려는 미묘한 자세에서 발생할 수 있다. 그러므로 주일학교의 중요성과 가치를 잘 보고하고 설득하는 것도 부장의 역할이다.

주일학교 포지션 중 빼놓을 수 없는 것이 가정이다. 가정과의 신뢰나 도움 없이는 주일학교의 존립 자체가 어렵다. 아이들이 주일학교에 오는 결정적인 선택은 부모에 의해 이루어진다. 따라서 주일학교 교사들은 아이들만 상대할 것이 아니라 얼마나 효과적이고 지혜롭게 학부모를 대하느냐가 신뢰의 핵심이다.

사실 주일학교 교사들은 감정 소모가 심하다. 학교 교사, 학원 강사, 과외 교사 등 다양한 교사 중 가장 존중을 받지 못하기 때문에 부모들로부터 서운함을 느낄 때가 있다. 상대적인 박탈감을 느끼기도 하고, 아이들도 내 마음 같지 않아 마음고생을 한다.

주일학교 교사는 교회에서 3D 직종으로 분류된다는 우스갯소리도 있다. 성가대와 달리 성도들의 동선과 항상 빗나가는 곳에 있는 직분이다 보니 주일학교 교사는 애쓰는 것에 비해 눈에 잘 띄지도 않는다.

그렇지만 아이들을 대하는 것뿐만 아니라 부모들을 대하는 것까지 교사가 해야 할 역할이다. 부모와의 원활한 소통을 위해서는 아이들을 통해 서로 간에 신뢰를 형성해야 한다. 교사가 매주 간단하게라도 부모들과 소통한다면 더할 나위 없이 좋다.

이를 위해 부서는 가정과의 소통 매뉴얼을 만들어서 유지하기를 권한다. 매뉴얼 없이 권유 사항으로 방치할 경우 1년이 지나도록 부모와 한 번도 소통하지 않는 경우도 허다하다.

어린이집이나 유치원에서는 알림장을 통해 짧게나마 아이의 하루를 글로 적어 부모와 소통한다. 주일학교는 시간적으로 그렇게까지는 힘들고, 문자로 아이의 예배 태도나 공과 시간의 특별한 일 등을 짧게나마 문자로 소통하는 것은 어떨까 한다.

결국 아이들을 보호하는 것이 제도의 힘이다. 이렇게 제도를 세워야 하는 이유는 교사 개개인의 헌신도와 경험이 다르기 때문이다. 매뉴얼이 없다면 교사들의 편차가 심할 수밖에 없다.

교회 성도와의 포지션도 살펴야 한다. 주일학교는 교회의 한 부분을 구성하는 몸의 지체이다. 어떤 교회는 주일학교가 교회의 성도들과 긴밀하게 협력하는가 하면 어떤 교회는 독립적으로 운영된다. 그렇지만 주일학교는 교회와 무관한 기관이 아니다.

여름성경학교나 겨울성경학교, 수련회 등이 있을 때는 평소보다 많은 봉사자가 필요하다. 이때 청년들의 헌신이 자주 이루어지는데 절대 당연한 것은 없다. 봉사하는 성도들을 향해 말 한마디에 진심을 담아서 표현하고, 정성을 다해 감사의 마음을 전해야 한다.

그런 모습들 자체가 아이들이 보고 배우는 교육이다. 설교나 세미나처럼 가르침을 통해 배우는 것보다 일상의 관계를 통해서 배우는 것이 훨씬 많다. 종종 관계와 배려보다는 부서의 권리와 요구를 내세우는 것을 당연하게 인식하는 경우가 있다. 심지어 교회 속에 연결된 부서라는 생각을 잊고 자신의 부서는 외딴 섬으로 고립되어서 절대 간섭을 받아서는 안 된다는 생각으로 부서 이기주의에 빠지는 경우도 있다.

어떤 교회 부서는 성도들 속에 전혀 어울리지 못해 마치 한 공간 속에 여러 교회가 공존하는 느낌마저 준다면 온전한 교회라고 할 수 없다. 교회는 봉사를 통해 연결되기도 하지만 기도를 통해 연합이 완성되는 것이 교회다.

교회 속의 주일학교의 포지션을 다음 146쪽 표로 정리할 수 있다.

관련 대상	소통 주체	소통 내용	기타
담임 목사	부서 교역자	부서 상황 보고. 부서 아이들 이슈나 소식들을 수시로 소통	담임 목사의 목회 철학과 방향 이해
당회원(장로)	부서 부장	재정, 행정, 제도 등에 대한 소통. 자문, 초청을 구하며 친분 유지	당회는 적이 아니라 지원군이라는 인식 필요
가정(학부모)	반별 교사	주 1회는 문자, 메신저 등으로 학부모와 소통을 할 것	반 관리는 부서 교역자가 지침을 줄 것
교회 성도들	주일학교 전체	성도들과 협력하고 좋은 관계를 가질 수 있는 방향을 공유할 것	종종 성도들과 소통하는 접촉점을 가질 것

주일학교 내부의 포지션을 정리하자

주일학교 내부에서 각자 포지션을 정리하는 것도 필요하다. 먼저 교사 자신은 가르치는 직분이기 이전에 그리스도인이다. 교사로서 지식을 전달하는 사람이기 이전에 헌신자이다. 교회들마다 아이들의 숫자도 줄어들지만 헌신된 교사들 역시 줄어들고 있다.

그렇지만 주일학교가 교사들을 위해 존재하는 부서는 아니다. 물론 교사 역할을 감당하면서 지치거나 마음이 상한 경우에 부서의 위로와 격려가 필요하기도 하다. 하지만 엄밀히 말해서 교사는 아이들을 위한 헌신자이며, 교사들을 위한 부서는 교구나 목장, 순, 남전도회, 여전도회 등 소속된 부서가 따로 있다. 교사가 속한 부서와 주일학교에 같은 역할을 기대해서는 안 된다.

매년 좋은 교사들을 확보하기가 어렵다는 의견이 많지만 아이들을 위해서 교사 수준이 하향 평준화 되어서는 안 된다. 굳이 선택한다면 헌신된 소수의 교사가 자질이 부족한 다수의 교사보다 낫다. 이것이 전제되지 않고 아무나 아이들을 맡게 해서는 안 된다.

심지어 학교 교사이거나 가르치는 은사가 있다고 해도 그것만으로는 주일학교 교사 자격이 될 수 없다. 교사는 모범된 예배자가 되는 것이 가르치는 것보다 우선임을 항상 기억해야 한다.

교역자와 교사의 포지션은 어떨까? 성경에서는 분명하게 말한다. 교회의 직분들은 높고 낮음의 관계가 아니다. 상명하복의 관계일 수가 없다. 역할이 다른 것일 뿐, 교역자는 교사들의 직상 상사가 아니고, 부하 직원도 아니다.

책임을 통한 다른 역할일 뿐 높낮이가 있어서는 안 된다. 간혹 사회의 방식을 교회 속으로 가져 오려고 하기 때문에 문제가 되지만 기억해야 할 것은 교역자와 교사는 동역자라는 점이다. 젊은 청년 교사라고 해도 이것은 변하지 않는다.

그러므로 교역자가 교사들에게 반말을 하거나 부하 직원을 부리듯 해서는 안 된다. 많은 경우에 교역자라는 이유로 나이를 무시하는 태도를 보게 되는데 그것은 인격의 문제다. 반드시 교역자와 교사들은 존댓말을 사용하여 관계에서 적절한 선을 넘지 말아야 한다.

종종 교역자와 교사가 막역한 관계가 될 수 있지만 서로를 위해서 적당한 거리를 유지하는 것이 동역자로서 가져야 할 자세다. 따라서 교역자가 자신의 사생활 속에 교사를 끌어들여서는 안 되고, 교사의 사생활 속으로 들어갈 때에도 심방의 목적 외에는 경계해야 한다. 그리고 이것이 교역자와 교사의 동역자 관계를 유지하는 제도적인 장치가 되어야 한다.

왜 이를 경계해야 하는가? 교역자는 설교자다. 주일학교는 예배를 중심으로 모임이 시작되고 마친다. 그러므로 교역자가 설교자로서 권위와 신뢰를 잃어버린다면 영적인 공동체에서 수명은 다한 것이다.

막역한 관계를 지향하다가 인간적인 모습에 실망하는 경우가 허다하므로 교역자와 교사의 관계 속에 적절한 긴장 관계를 유지할 수 있도록 부장과 부감이 피드백을 주는 역할을 감당해야 한다. 물론 교역자도 인간이며, 실수할 수 있다. 실수를 어떻게 조언하고, 개선해 나갈 수 있는지가 바로 제도적인 장치다.

실수가 없는 공동체가 안전한 것이 아니라 실수를 통해서 그것을 어떻게 개선하고 서로 성장의 발판으로 삼는가 하는 노력이 건강한 공동체다. 그리고 이것을 안전하게 유지할 수 있는 것이 교역자와 교사들, 그리고 부장과 부감의 역할이다.

교사와 주일학교 아이들의 포지션은 어떠해야 할까? 교사와 아이들의 관계를 설정하는 두 단어는 '친구'와 '멘토'다. 아이들은 마음이 내켜야 움직인다. 따라서 강요가 아닌 설득을 하는 것이 중요한데, 아이들은 논리로 설득되지 않는다.

아이들을 움직이는 것은 '관계'이다. 아이들은 어른들의 뒷모습을 통해서 배운다. 그것이 우리가 아이들과 반드시 염두에 두어야 할 관계다. 아이들과 친구가 되려는 노력이 없다면 아무리 논리적으로 완벽한 공과공부를 인도한다고 해도 아이들 마음속에 남는 것이 없다고 보면 정확하다.

또한 교사가 아이들을 가르치는 가장 큰 요소는 공과공부가 아니라 함께 예배자의 본을 보이는 것이다. 아이들을 대할 때 '설명하라'가 아니라 '보여주라'고 지적하는 이유가 바로 여기에 있다.

중요한 것은 교사와 아이들 사이에도 넘어서는 안 되는 선이 있다는 점이다. 남자 교사와 여학생의 교류는 가급적 피해 불필요한 오해를 사지 않는 것이 현명하다. 교사와 아이들의 모임은 음성적이 되지 않도록 하고, 언제나 공개된 방식으로 유지할 때 공동체는 건강해질 수 있다.

그래서는 안 되겠지만 자칫 아이들과의 관계에게 상처를 주거나 트라우마를 남길 수 있는 여지를 주어서는 절대 안 된다. 어린아이 시기에 받은 상처는 평생 남기 때문이다. 따라서 구차해 보이더라도 부서의 매뉴얼을 만들고, 심방과 공과공부 모임의 지침을 정해서 공론화해야 한다.

무슨 일이든지 수습하는 것보다 예방하는 것이 훨씬 쉽고 중요하다. 이런 교사의 매뉴얼은 어떤 조직의 정관이나 회칙처럼 고문서로 방치하지 말고, 자주 교사 회의나 세미나를 통해 반복해서 공유하는 것이 좋다.

다음은 가정과 교사간 포지션이다. 학부모와 주일학교 교사가 어색하고 애매한 관계일 수도 있겠지만 아이들을 위한 기도 동역자로서 이보다 더 좋은 파트너도 없을 것이다. 교사와 학부모는 한 아이의 신앙과 인생을 위한 기도 동역자들이다.

가정에서 지내는 모습을 교사가 알 수 없고, 교회에서의 모습을 부모는 정확히 알 수 없다. 가정과 교회에서 아이들을 위한 기도제목을 함께 나눌 수 있다면 아이들에게 교사와 부모의 관계는 장애물이 아니라 디딤돌이 된다.

그렇다고 갑자기 부모가 주일학교에 관심을 가지거나 태도가 바뀌기를 기대할 수는 없다. 하지만 성도 중에 학부모들만큼 교육 부서에 관심이 많은 사람은 없다는 것을 기억하자.

교사와 학부모의 관계가 편한 관계는 아니지만 의지를 갖고, 여름, 겨울 행사를 이용하거나 학부모 기도회, 학부모 초청 예배 등을 통해서 관계를 좁히려는 시도를 해야 한다. 그래야 부모들도 부서를 향해 조금씩 다가오게 된다.

그러나 주의해야 할 점이 있다. 갈수록 맞벌이, 이혼, 조손 가정이 늘어난다. 가정의 형편을 고려하지 않는다면 학부모와의 관계를 좁히려는 시도가 오히려 누군가에게 상처와 소외를 경험하게 할 수도 있다. 부서에서 아이들이 처한 가정 환경을 잘 파악하고, 그 아이들과 가정을 위해 무릎을 꿇는 교사가 되어야 한다.

부서 내부의 포지션은 151쪽 표와 같이 표현할 수 있다.

주일학교 포지션 매뉴얼 만들기

1780년에 주일학교가 생긴지 100년 후 1875년에 영국 호수 지방의 케직(Keswick)이라는 작은 마을에서 부흥 사경회가 열렸다. 사람들은 3주간 커다란 텐트를 치고 말씀을 들으며 영적으로 무장했다. 케직 사경회는 지

역할	정체성	역할	주의
교사	그리스도인 헌신자	주일학교가 교사를 위해 존재하지 않고, 교사가 주일학교를 위해 있음을 명심할 것	교사의 질을 낮추지 말 것
교역자와 교사	동역자	너무 가깝지도, 멀지도 않은 관계	사생활의 노출을 피할 것
교사와 아이들	친구, 멘토	관리가 아닌 관계, 관심이 바탕	반드시 심방 및 접촉의 기준을 정할 것
교사와 가정	기도 동역자	아이들의 영적 성장을 위해 기도제목을 나누고 세우는 관계	가정의 아픔을 반드시 염두에 두고 주의할 것

금까지 영국의 말씀 축제로 명맥을 이어 오고 있다. 존 스토트(John Stott) 목사도 강사로 섬긴 바 있으며, 부흥의 열기는 영국 전역과 세계로 뻗어 나갔다.

이 부흥 집회에서 은혜를 받은 사람들의 간증에 곡조가 붙으면서 지금도 널리 불리는 〈나의 죄를 정케하사(320장)〉라는 찬송이 되었다. 이 찬송의 원제목은 'Channels Only(오직 주의 통로가 되어)'이다. 말씀의 능력을 경험한 사람들은 자신이 주인공이 되기보다는 주인공이신 하나님의 은혜를 전달하는 통로가 되기를 소망했고, 자신이 드러나기보다 하나님과 누군가를 이어 주는 통로가 되기를 원했다.

주일학교의 사명도 궁극적으로는 통로가 되는 것이다. 우리는 부서를 위해 부름받은 사람이며, 하나님의 은혜를 부서 안에서 연결하는 통로다. 주일학교 교역자는 자신이 주인공이 아니라 주일학교와 하나님을 이어 주는 통로가 되어야 한다. 교사들도 하나님과 아이들이 연결될 수 있는 통로의 역할을 감당해야 한다.

통로라는 궁극적 역할을 포지션별로 다음과 같이 표현할 수 있다.

담당자	통로(between)	소통(보고) 대상	역할
교역자	하나님과 부서	담임 목사	교육의 목표를 설정하고, 그 부서가 하나님과 연결될 수 있는 통로가 된다.
부장	교역자와 부서	당회	부서의 상황이나 피드백을 교역자에게 전하는 역할을 맡고, 행정적인 보고는 당회에 한다. 이런 역할 탓에 부장은 악역을 맡아야 한다.
부감	교역자와 교사	교역자, 부장	교사들의 상황이나 속마음을 교역자 및 부장에게 전한다. 교사들과 교역자 사이의 통로가 된다.
교사	하나님과 아이들	교역자, 부장	교사는 자신이 맡은 반을 장악하는 사람이 아니다. 하나님과 아이들을 연결해 주는 통로일 뿐이다. 또한 아이들의 상황을 교역자에게 알리는 역할을 감당한다.

담당 교역자 자신이 주인공이 되려하는 순간부터 해당 부서의 성과는 자신의 이력을 위한 수단이 되고 만다. 그때부터 공동체는 병들기 시작한다. 담당 교역자는 부서의 책임을 맡으며, 하나님과 부서를 연결하는 청지기이지 스타가 되어서는 안 된다.

또한 아이들을 자신의 제자로 삼으려고 해서도 안 된다. 아이들이 그리스도의 제자가 되도록 돕는 것이 우리를 부르신 부르심의 목적이다. 부서의 주인공과 스타는 담당 교역자나 교사가 아닌 하나님이 되어야 한다.

가시적인 성과를 드러내기 위해 역할별 포지션을 이탈하는 순간 정도(正道)를 벗어나게 된다. MSG로 즉각적인 효과를 내려는 것이 아니라 더디지만 집밥으로 영적인 건강을 회복하는 것이 우리가 마땅히 감당해야 할 사명이다.

목회의 방침이나 부서의 교육 철학, 부서의 상황을 담임 목사와 긴밀하게 소통하고 나누면서 교회 전체의 목회 방침을 위한 통로가 되어야 한다. 그런 연합 속에서 교육의 목표를 정하고, 방침을 세워 나갈 때 그 부서는 아름답게 성장할 수 있다.

부서에서 악역을 맡아야 하는 사람이 있다면 부장이다. 사람들은 누구에게나 좋은 소리를 듣고 싶어 하고, 좋은 평판을 남기기를 원한다. 그러나 부서를 건강하게 유지하는 사람은 어쩌면 귀에 듣기 싫은 소리를 마다하면서 악역을 맡는 사람이다.

부서를 대표해서 부서의 운영과 재정 및 필요한 부분에 대한 문제를 당회와 소통하고, 지원을 얻어 내는 일은 부장이 해야 한다. 또한 부서의 운영에서 발생하는 개선점이나 교사들의 피드백을 교역자에게 정확하게 전달해 주는 것도 부장의 몫이다.

심지어 교역자와 교사의 관계에서 때로는 하기 싫은 소리를 전달해야 할 때도 있다. 이처럼 부장은 개인의 평판과 인기를 위한 자리가 아니라 부서를 위해 총대를 메는 직분이므로 우리 자신이 아닌 부서를 위해 이런 일들을 감당하는 통로가 되어야 한다.

대개 부감은 부장의 유고시 대체하는 역할이라고 인식한다. 하지만 부장이 자리를 비울 확률이 많지 않은데다 이런 역할로 한정하면 애매한 포지션이 되고 만다. 따라서 부감은 자신의 포지션을 확실히 정립해야 하는데 교사들과 교역자, 교사들과 부장 사이를 이어주는 통로라고 생각하면 된다.

부장이 부서의 문제를 외부에 알리는 통로라면, 부감은 교사들을 대표해서 내부에 알리는 통로다. 이렇게 포지션을 확실히 해야 불필요한 갈등과 마찰을 피할 수 있다. 부장, 부감 사이에 생기는 갈등은 이런 역할을 배분하여 인식하지 않았기 때문에 생기는 경우가 많다.

정리를 하자면 행정적으로 부장은 부서의 대표라면 부감은 교사들의 대표다. 주일학교가 한 마음이 되어서 앞으로 나가더라도 많은 에너지가 필요하다. 우리의 한정된 에너지의 상당 부분이 이런 불필요한 곳에 낭비된다면 그 영향은 고스란히 아이들에게 돌아가게 되므로 이런 기준을 통해 적절한 제도를 세워야 한다.

교사 역할의 명확한 핵심은 하나님과 아이들을 연결해 주는 통로라는 점이다. 맡겨진 기간 동안 아이들의 영혼을 보살피고, 담당하는 청지기다. 아이들로부터 인기 경쟁을 하는 직분도 아니고, 아이들을 소유할 권리도 없다.

가령 내가 예전에 맡았다고 해서 마치 자신의 소유인 양 현재 담당 교사가 있는데도 아이들에게 존재감을 과시하는 것은 청지기를 벗어난 태도다. 아이들이 그리스도의 제자가 되는 순간이 교사가 사명을 완성하는 순간이다. 이런 동기가 빗나간다면 교사들이 자신의 지갑을 열어서 아이들을 위해 지출하는 것도 불순한 의도가 될 수 있다.

바울의 표현처럼 씨를 뿌리는 사람이 있고, 물을 주는 사람이 있지만 자라게 하는 분은 하나님이다. 우리가 최선을 다해 물을 주었다면 그것에 만족하는 것이 믿음이다. 씨를 심고 물을 주었지만 자라지 않는다고 해서 우리가 자책할 필요는 없다.

교사의 품격을 지키자

야구는 투수, 배구는 세터 놀음이라고 한다. 주일학교는 교사들이 좌우한다. 좋은 교사를 확보하는 것은 주일학교 운영의 절반을 차지할 만큼 중요하다. 하지만 교사의 자질에 따라서 온 부서가 근심에 빠지기도 한다. 교사의 자격 조건을 낮춘다면 당장에는 교사들을 확보할 수 있지만 자칫 교사들 사이의 갈등과 시험 거리가 된다.

따라서 교사의 기준을 명확하게 설정해야 한다. 그래야 문제가 생겼을 경우 그에 대한 조치를 취할 수 있다. 교사의 '품격'이 생겨야 주일학교의 '품질'이 높아진다. 반복해서 말하지만 준비되지 않은 교사를 확보하는 것보다 준비된 교사가 더 많은 아이를 담당하는 한이 있더라도 교사의 품격을 유지해야 한다. 이유는 단 하나다. 아이들을 위해서다.

주일학교에 있으면서 교사의 품격을 위해 이 정도는 필요하겠다 싶은 나름의 기준을 세웠다. 이를 나누자면 다음과 같다.

첫째, 교사는 회심한 후 적어도 1년 이후, 해당 교회에 온 지 6개월 이상이어야 한다. 회심을 하고 난 이후에는 신앙의 시련을 제대로 경험하지 못했기 때문에 신앙적으로 주의해야 하는 때이다. 구원의 간증을 할 때 모습과 시험을 받은 순간의 폭이 지나치게 크다면 아이들을 맡기기에 적합하지 않다.

또한 교회에 온 지 적어도 6개월 이상이라는 시간적 여유가 필요하다. 실제로 교회에 새로 등록을 하면 이전 교회에서 어떤 모습이었는지는 본인의 이야기 외에는 알 길이 없다. 실제로 본인의 무용담을 과시하듯 주관적인 이야기를 쏟아 놓는 사람들도 있다. 그렇지만 교사의 품격은 과시를 통해서 생기는 것이 아니라 시간을 통해서 생긴다.

둘째, 다른 동역자의 확인과 추천을 받는 절차를 거쳐야 한다. 청년이 교사로 지원한다면 청년 담당 교역자의 추천을 구하고, 일반 성도라면 교구 담당자의 자문을 구하는 것이 최소한의 안전장치다.

어떤 경우는 소속 기관에서 적응하지 못하거나 분쟁으로 인해 주일학교에 소속되려는 동기로 교사를 지원하는 경우도 있다. 다른 부서에서 원만한 관계가 어려웠다면 주일학교에서도 그럴 확률이 높다.

셋째, 교사의 가장 중요한 자질은 본을 보이는 것이다. 거듭 강조하지만 주일학교는 지식과 정보를 전달하는 곳이 아니다. 예수 그리스도의 제자를 만들어 가는 곳이다. 아이들이 변하는 것은 지식을 통해서가 아니라 보고 듣고 배움으로 인해 변한다.

아무리 가르치는 데 은사가 있고, 심지어 직업이 교사라고 해도 예배에 매번 지각을 한다거나 이따금씩 결석을 한다면 아이들은 결코 그 교사를 통해 선한 것을 보고 배울 수 없다. 부서의 악역을 담당하는 부장은 무단결석이나 지각 횟수를 점검해서 교사 자질을 평가하는 제도를 만들어야 한다.

넷째, 주일학교가 교사를 위해 있는 것이 아니라 교사가 주일학교를 위해 있다. 그렇다면 교사는 자신에게 맡겨진 양(羊)들을 보살피는 목자의 심정으로 맡아야 한다. 주 1회 이상 아이들과 교감이 없거나, 부모와 소통이 없다면 그 교사는 아이들의 목자가 아니다.

형식은 내용을 담는 그릇이며, 제도는 본질을 유지하는 장치다. 따라서 부서는 이런 행동들을 제도로 정할 수 있어야 한다. 교사는 아이들에게 본이 되어야 하고, 가정에는 신뢰를 주어야 한다. 이것은 개개인의 능력이 아니라 평소 성실함의 결과다.

다섯째, 교사에게 허용되는 실수가 있지만 허용해서는 안 되는 실수가 있다. 가령 지각, 심방, 소통과 같은 부분을 누락했을 경우 더 잘하도록 독려하는 것이 부서에서 해야 할 몫이다. 그러나 절대로 용납되어서는 안 될 사항이 있다. 바로 금전 거래, 판매 요구, 보증 등이다.

이러한 사항은 관계를 깨뜨릴 수 있으므로 반드시 교역자에게 이런 사례가 있었다는 것을 보고 해야 한다. 재정적으로 어려운 경우라면 함께 도와야 하지만 상습적이라면 재고해 볼 부분이다. 이런 일이 있었을 때는 절대 음성적으로 진행해서는 안 된다.

여섯째, 교회의 교육 방침을 벗어나면 더 이상 교사일 수 없다. 갈수록 교회 속으로 이단들이 잠입하는 비율이 늘어난다. 이것은 국어를 가르처야 하는데 영어를 가르치는 차원이 아니다. 이단의 가르침에 빠지면 헤어 나오기까지 엄청난 희생이 뒤따른다.

교사가 가르치고 지도하는 것은 반드시 교역자의 허락을 구해야 하고, 그런 허가 없이 가르칠 경우 교사의 직분을 유지해서는 안 된다. 교역자 몰래 가르치려는 시도는 이미 다른 의도가 있는 것이다. 따라서 이러한 일이 발견되면 반드시 교역자에게 알려야 한다.

일곱째, 불필요한 신체 접촉, 성희롱, 성추행, 욕설, 구타는 절대 안 된다. 허용해서도 안 되고 허용할 수도 없는 경우이다. 이런 문제가 커져서 온 부서가 고통을 겪는 것보다 부적절한 교사를 내려놓게 하는 것이 교사의 품격을 지키는 길이다.

여덟째, 교회는 사랑의 공동체이지만 교사는 아이들을 위해 엄격해야 한다. 이를 위해 기준과 지침을 명확하게 공유하고, 모든 교사가 그것을 인지하도록 자주 상기시켜야 한다. 이 매뉴얼을 숙지하고 교사들이 알고 있어야 문제가 생길 경우 효력을 발생할 수 있다. 정기적으로 교사들과 이 내용을 토대로 교사의 품격을 유지하자.

오늘날 한국 교회에서 마비된 기능 중의 하나가 바로 '치리(治理)'의 기능이다. 잘못이 있어도 무조건 덮는 것이 사랑이라고 생각하지만 알고 보면 그것은 무관심일 뿐이다. 교회의 질서와 영적인 건강을 위해 치리가 중요하며, 명확한 기준과 근거 없이 치리가 이루어지는 것을 막기 위해서라도 교사의 품격은 공유해야 한다.

7

예배를 디자인하자

예배란 무엇인가?[53] 아마 교사들마다 생각하는 내용과 형태가 다를 것이라 짐작한다. 어쩌면 우리가 머릿속에 그리는 예배에 대한 개념은 배워서 익힌 것이라기보다 오랜 기간 동안 습관으로 형성된 개념일 가능성이 크다.

하지만 이런 주관적인 기준에 의해 세워진 예배에 대한 개념이 예배의 절대적인 기준이라고 생각하는 경향이 있다. 아이들이 그 기준에 도달하지 못하면 마치 큰일이 벌어진 것인 양 아이들을 다그치며 강요하기도 한다. 아이들이 이에 순응하는 것처럼 보였다면 말을 하지 않았을 뿐 단

---

53 최주훈, 『예배란 무엇인가』(비아토르, 2021). 프로테스탄트 예배에서 가장 핵심이 되는 것이 예배다. 그렇지만 아직 예배를 체계적으로 배운 경험은 많지 않을 것이다. 교사들이 먼저 이 책을 통해 예배의 개념을 정립하고 부서에서 예배의 본질이 뿌리내릴 수 있도록 교육하는 것이 중요하다.

지 참고 있는 상태일 수도 있다.

이번에는 예배의 본질이 무엇인지 점검하고, 본질은 바뀌지 않으면서도 아이들에 맞는 형태로 수용할 수 있는 지혜를 고민해 볼 것이다. 교회교육의 시작과 끝은 예배에 달렸다. 교회교육은 예배를 중심으로 이루어지므로 예배를 정립해 보자.

예배의 본질과 비본질을 구별하자

예배를 신학적으로 규명하려는 것이 아니다. 예배의 본질과 비본질을 구분해서 예배를 가르치고, 어떻게 예배 속에 배움을 채워 넣을 수 있을지 고민하려는 것이다.

- 예배는, 하나님이 주도하시는 은혜로의 초대다.
- 예배는, 하나님의 말씀에 인간이 반응하는 소통이다.
- 예배는, 영적 예배와 형식 예배의 아름다운 반복이다.
- 예배는, 시대의 산물이므로, 정통예배는 없다.[54]

이 네 가지 요소를 살펴보면서 우리 예배의 본질과 비본질을 가려내야 한다. 우리 부서의 예배는 본질을 담아내는 형태인가? 우리 부서의 예

---

54 앞의 책에서 전체적인 특징 네 가지를 분류하고 요약했다. 이 분류를 토대로 교회교육으로 확대 적용해 보았다.

배를 점검해 보자.

먼저 예배는 '하나님이 주도하시는 은혜로의 초대'라는 부분을 살펴보자. 예배의 주체는 하나님이시다. 하나님은 값없이 은혜로 부르셨고, 우리는 믿음으로 반응한다. 이것이 하나님의 부르심이며, 구원의 방편이다. 프로테스탄트의 구원관은 은혜에서 시작한다.

마찬가지로 예배 역시 하나님이 그의 백성을 은혜로 부르시는 초대다. 이것이 본질이다. 은혜가 사라지면 그 예배는 은혜의 초대가 아니라 종교적 제의(祭儀)에 불과하다. 그렇다면 우리의 주일학교 예배를 점검해 보자.

우리는 구원의 은혜와 구원의 확신으로 예배에 임하는가? 주일학교가 왜 무기력하게 전락했을까? 왜 예배는 아이들이 기피하는 시간이 됐을까? 이유는 은혜를 출발점으로 삼지 않았기 때문이다. 아이들에게 구원의 확신과 은혜를 가르치지 않았기 때문이다. 다음 장에서는 구원의 확신을 설명하는 콘텐츠를 구체적으로 수록했다. 반드시 숙지해서 은혜로부터 예배가 시작될 수 있어야겠다.

예배는 '하나님의 말씀에 인간이 반응하는 소통'이라고 했다. 성 아우구스티누스는 예배를 소통이라고 말했다. 루터도 이 견해를 같이 한다. 하나님은 우리에게 말씀으로 말을 건네고, 우리는 기도와 찬양으로 반응하는 소통의 행위가 예배다.

따라서 인간이 반응하는 대상은 회중이 아니라 하나님이다. 그러므로 예배는 콘서트나 문화 행사일 수가 없다. 이것은 아주 중요하다. 예배가 하나님을 향한다면 다양한 악기를 써서 찬양으로 반응하더라도 그것은 본질이다.

반대로 아무리 조용한 분위기에서 웅장하고 경건한 분위기를 연출하더라도 사람에게 보이기 위한 행위라면 비본질이다. 형태가 아니라 소통의 대상을 인식하고 있는가가 예배의 본질이다. 그래서 아이들에게 교육이 필요하다.

예배의 세 번째 요소인 '영적 예배와 형식 예배의 아름다운 반복'이라는 말은 무슨 뜻일까? 예배가 발휘되는 현장은 우리의 삶이다(롬 12:1). 정해진 시간과 공간에서 드리는 형식만이 예배라고 생각한다면 본질을 벗어난 것이다. 우리의 삶으로 살아가는 모든 순간이 예배다.

그러나 그 예배를 충만하게 하고, 회복시키는 것이 주일에 드리는 형식을 갖춘 예배, 즉 예전(禮典)이다. 삶의 예배가 자동차라면 예전은 주유소다. 이 둘은 불가분의 관계이며 어느 것 하나도 소홀히 해서는 안 된다. 만일 교회의 문을 나서는 순간 예배가 끝났다고 인식한다면 그것은 본질에서 벗어난 것이다.

아이들이 살아가는 모든 순간이 예배라고 인식한다면 그것이 아이들에게 가르칠 수 있는 위대한 유산이며, 그렇게 자란 아이들이 예배자가 된다. 이것을 가르치지 못하면 마이크를 잡고 폼 잡는 것을 예배라고 생각하기 쉽다.

마지막으로 예배는 '시대의 산물이므로, 정통 예배는 없다'를 살펴보자. 만약 누군가 내가 드리는 형태만이 정통이라고 주장한다면 그것은 억지다. 역사 속에서 정통 예배란 없었다. 앞서 언급한 예배 본질의 요소를 갖춘 채 예배의 세부적인 형태는 시대마다 변해 왔다.

초대교회가 박해받던 시절에는 웅장한 형식이 있을 수 없었다. 설교라는 것도 초대교회 시절에는 말씀을 봉독하는 형태였지 현재처럼 강론을 했던 것은 아니었다. 그러나 기독교가 로마 제국의 종교가 되면서 예전은 웅장하고 화려해졌다. 이처럼 예배의 형식은 시대의 산물이며, 그 형식 속에 어떻게 본질을 담아내는가를 교역자들이 고민해야 한다.

이제 본질과 비본질을 생각한다면 어떤 부분에 중점을 두어야 하는지 윤곽이 잡힐 것이다. 팬데믹 시기를 지나며 대면 예배가 맞는지, 비대면 예배가 맞는지는 가장 큰 화두였다. 하지만 이를 논하는 것은 우문(愚問)이다. 어떤 형태이든 간에 어떻게 그 속에서 본질을 담아내는가에 달려 있을 뿐이다.

우리 부서에서 예배에 담아내야 할 순서들이 주일학교에서 가르쳐야 할 교육이다. 은혜를 체험하고 시작하는가? 기도와 찬양으로 반응하고 있는가? 이런 형태의 주유소를 통해 삶을 예배자로 살 수 있는가? 이처럼 주일학교 교육은 예배의 형태 속에 꽃을 피우게 된다.

교회로서의 주일학교

교회는 그리스도의 은혜 위에 세워진 공동체다. 그러므로 교회는 건물이 아니며, 친목 단체도 아니다. 교회가 학교나 학원과 구별되는 가장 중요한 특징이기도 하다. 그리스도를 구주로 고백한 사람들이 모인 공동체가 교회다.

주일학교가 교회인 이유는 그 공동체가 예수 그리스도를 구주로 고백하며, 교회의 머리로 믿기 때문이다. 그렇다면 교회의 정체성은 예배와 말씀이 선포되는 공동체이어야 한다. 하나님은 예배를 통해 말씀하시기 때문이다. 그래서 예배는 말씀을 표현해 내는 것을 가장 중요하고 영광스러운 것으로 생각해야 한다.

앞서 살펴보았지만 하나님이 말씀으로 우리에게 건네는 것이 예배이며 본질이다. 그러나 정통 예배라는 것이 없듯이 시대마다 하나님이 말씀을 건네는 방식은 변해 왔다. 초대교회는 말씀 낭독으로, 중세와 종교 개혁 시대에는 강론도 있었지만 보이는 말씀인 성만찬이 말씀의 중요한 방편이 되기도 했다.

다시 말해서 우리가 대예배를 표준으로 생각하는 방식이 초대교회부터 정통으로 자리 잡아 온 것은 아니다. 그렇다면 우리는 본질을 이렇게 확장할 수 있다.

- 교회는 하나님의 말씀을 가르치는 곳이어야 한다.
- 그러나 하나님의 말씀을 가르치는 방편이 스피치만 있는 것은 아니다.

이것은 중요한 핵심이다. 스피치만 말씀을 전하는 방편은 아니었다. 성경을 봉독하는 형태도 말씀이며, 성만찬도 그렇다. 그래서 종교 개혁 시대에 루터는 다양한 미디어를 통해 말씀을 전달하는 방편을 알았고 적극 활용했다.

문맹인 사람들을 위해 그림이나 음악을 말씀을 전파하는 방편으로 삼았다. 보고, 듣고, 먹는 것(성찬), 즉 피부에 와 닿도록 말씀을 전달했다. 바흐는 루터교의 찬송을 위해 코랄이라는 형태로 음악을 만들었다. 바흐와 헨델은 또한 말씀을 묵상하며 곡조를 붙여서 오라토리오 형태로 말씀을 전파했다.

존 웨슬리 형제 찰스 웨슬리는 입에 착 달라붙도록 성경 메시지에 운율을 가미해서 시를 썼고, 이것이 수많은 찬송가가 되었다. 이것은 웨슬리 형제들이 말씀을 전파하는 방편이었다.

뿐만 아니라 〈이 몸에 소망 무언가〉의 작시자 에드워드 모트(Edward Mote) 목사 역시 음악 속에 복음의 메시지를 넣어서 말씀 선포의 도구로 활용했다. 그렇게 시작된 장르가 가스펠송(복음송)이 되었다.

〈내 진정 사모하는〉의 찬송 가사를 썼던 찰스 윌리엄 프라이(Charles William Fry)는 구세군의 복음 집회를 위해 트럼펫을 불며 순회하는 찬양 사역자였다. 그는 복음집회 때마다 돌아다니면서 트럼펫을 불어 대다가 폐병으로 사망했다. 그러나 〈내 진정 사모하는〉 찬송가 가사를 음미해 보라. 얼마나 탁월하고 심오한 말씀을 선포하고 있는가.

- 찬송가는 거룩하고, 복음성가는 안 된다고?
- 피아노는 되고, 통기타와 드럼은 안 된다고?

예배 때 찬송가만 사용해야 한다면 찰스 웨슬리, 에드워드 모트, 찰스 프라이는 거룩하지 못한 사람들이 된다. 과거에 통기타와 드럼은 마귀의 악기처럼 취급을 받은 적이 있었다. 그렇다면 찰스 프라이가 트럼펫을 불며 복음 집회를 알리며 돌아다니던 모습을 상상해 보라. 교향곡이 표준적인 '대중음악'으로 여겨지던 시기였다는 것을 감안한다면 프라이는 마귀의 악기를 연주했던 셈이다!

피아노는 1720년에 발명되었다. 그 전에는 오르간이 교회의 거룩한 악기로 자리를 잡았다. 피아노가 처음에는 경건하지 못한 악기였다는 것을 알고 있는가? 16세기의 칼뱅 시대에 오르간을 예배 때 써야 하느냐 말아야 하느냐에 대한 논쟁이 있었다는 것을 알고 있는가?

필자가 이런 역사적인 내용들을 소개하는 이유를 짐작하는가? 어떤 형태를 놓고, 그것이 정통 예배라고 판단하는 것을 멈춰야 한다고 말하기 위해서이다. 우리는 어떻게 본질을 예배 형태 속에 담아낼 것인지를 고민해야 한다.

이제 진지하게 생각해 보자. 무엇이 어린아이들을 위한 예배인가? 예배 시간을 어른들에게 익숙한 순서들로 채우면서 그것이 훈련이라고 간주하며 아이들에게 숨 쉴 공간을 주지 않는다면 10년 후에 그 아이는 그 공간을 떠날 확률이 높다. 매우 높다. 위의 내용들에 동의한다면 이제 우리 아이들을 위해 실행에 옮겨 보자.

예배를 디자인하자

팬데믹을 거치면서 낯선 현실을 접해야 했다. 한 번도 경험해 본 적이 없는 이른바 비대면 예배를 드리게 되었다. 정해진 자리에 모여 예배를 드려 왔던 형식을 갖출 수도 없고, 출석 자체를 할 수 없으므로 관행으로 유지했던 형태가 붕괴되었다.

그러나 형태가 무너진다고 해서 본질이 무너지는 것은 아니다. 율동을 제대로 할 수 없다고 해서 아쉬울 수는 있겠지만 하늘이 무너진 상황은 아니라는 말이다. 초대교회 때 율동이 있었던 것도 아니고, 중세 시대

예배 형식	예배 순서	방식	예배 기획회의
찬양	찬양과 율동/ 성가대	어떻게 구성할 것인가?	
기도	누가/ 어떻게	누가 담당하는가?	예배 기획 위원회
말씀	무엇을/ 어떻게	어떻게 표현하는가?	
기타	특송/ 헌금	꼭 넣어야 하는 순서는?	

에 악기팀이 있었던 것도 아니다.

　반면, 본질을 예배 속에 담아내기 위해서 아이들을 수동적인 관람자가 아니라 능동적으로 반응하는 예배자가 되도록 기획하는 것은 좋은 교회교육이다. 이 요소가 포함될 수 있는 예배 구성은 어떻게 하면 좋을까?

　우선 찬양을 살펴보자. 예배 속에 포함되는 찬양의 요소는 다양하다. 찬양과 율동의 형태로 진행된다면 찬양팀을 구성한다. 찬양팀은 아이들의 재능을 성장시키고 발휘하는 데 중요한 역할을 한다. 어린 시절부터 찬양의 재능을 발휘할 수 있다면 그것은 아이들에게는 돈으로도 환산할 수 없는 자산이다.

　그렇지만 아이들에게 예배의 개념을 교육하는 것은 주일학교에서 해야 할 몫이다. 아이들이 찬양을 하거나 연주하는 것은 분명히 공연과 같은 요소가 있다. 그래서 교사의 교육이 중요하다. 이때 생긴 관념이 어른이 될 때까지 굳어질 수 있기 때문이다.

　자칫 찬양팀이 아이들에게 우월한 집단처럼 보이는 특권 의식을 갖게 할 수 있고, 폐쇄적으로 전락할 수 있다. 그러므로 교사가 어떻게 지도하느냐는 아이들이 본질을 드러내느냐 벗어나느냐를 판가름 짓는다.

예배 시간을 빛나게 하는 어린이 성가대도 마찬가지다. 많은 음악가가 어린 시절에 성가대를 거쳐 갔다. 심지어 전설적인 음악인은 어린이 성가대에 들어가고 싶었으나 담당 교사가 '음악성이 부족하다'는 이유로 성가대에 들어가지 못하게 막았다. 그가 음악으로 성공을 거둔 후에 그 교회에서 공연을 했다. 그가 바로 비틀즈의 폴 메카트니다.[55]

예배 시간에는 특송이나 특주도 다양하게 포함될 수 있다. 어린 시절부터 악기를 배운다면 이것은 아이들에게는 살아 있는 교육의 기회를 제공하는 것이다. 이런 것을 생각한다면 예배는 하나님의 은혜에 참여하는 것이고, 우리가 하나님께 반응하는 소통의 현장이다.

동시에 예배 순서들은 아이들에게 교육의 기회를 제공한다. 그렇다면 이것을 지도하는 교사의 역량만큼 아이들은 무한히 자신의 재능과 열정을 발휘할 수 있다. 이렇듯 교회는 훌륭한 배움의 현장이다.

기도의 구성은 어떠해야 할까? 예배 중 드리는 기도에도 여러 순서가 있다. 예배의 시작을 알리는 묵상기도가 있고, 주마다 대표자가 나와 기도로 고백하는 대표기도, 헌물과 헌금에 감사하는 기도가 있으며, 대개 주기도문으로 예배를 마무리 한다.

기도는 당연히 하나님을 향하는 것이다. 그러나 이것만 생각하고, 아이들을 배려하지 않는다면 기도 시간은 취침 시간이 될 수도 있다. 나의 어린 시절에 장로님들의 기도는 공포의 대상이었다. 온 우주를 훑어야 위

---

55 켄 로빈슨, 루 애로니카(2016), pp. 32-33.

엄 있는 기도가 된다고 생각했는지, 지금도 러닝타임 12분에 달하는 대표 기도는 쉬이 잊히지 않는다.

만약 아이들에게 기도를 맡기면 어떨까? 아마도 일주일간 가정에서 기도 훈련을 할 수 있는 기회가 될 것이다. '함께' 소통하는 예배가 되려면 아이들을 참여시켜야 한다. 어른들이 자신의 기준으로 기도 순서를 맡았다가 자칫 '한 여름에 교장 선생님 훈시'가 될 수 있음을 주의해야 한다.

기억하는가? 교장 선생님의 훈시에 감동하는 학생은 아무도 없다. 훈시가 끝나는 순간은 한 명이 무더위에 쓰러질 때다. 예배를 어떻게 기획하느냐에 따라 마음이 쓰러질 수도 있고, 축제가 될 수도 있다.

세대통합예배

배움의 최고 동기 부여는 성취감이다. 무엇인가를 이루었다는 쾌감과 기쁨을 준다면 아이들은 스펀지처럼 배우려고 노력한다.[56] 교육을 할 때 동기 부여가 주는 힘은 대단히 크다. 관심이 있는 분야라면 아이들은 누가 시키지도 않아도 능력을 발휘한다.

예를 들어 노래 가사와 랩을 줄줄 외우고, 팝송의 영어 가사도 전혀 문제가 되지 않는다. 어려운 공룡 이름을 꿰고 있다거나, 심지어 MLB, EPL, NBA 선수들은 어떻게 그렇게 술술 외우는지 신기할 뿐이다. 반면 5분 전에 배웠던 간단한 수학 공식은 금세 잊어버린다. 과연 아이들이 머리가

---

56   칼 비테/ 남은숙 역, 『공부의 즐거움』, pp. 146-150.

나빠서일까? 아니다. 문제는 동기 부여가 되었는가의 여부이다.

이번 장에서 끊임없이 반복하는 것은 예배는 교회의 본질이고, 예배의 각 요소들은 교육의 기회를 제공한다는 점이다. 아이들을 무기력한 관람자로 만들 수도 있고, 역동적인 예배자로 만들 수 있는 것은 교육의 열쇠를 쥐고 있는 우리들의 몫이다. 아이들에게 동기를 부여할 수만 있다면 그 기회를 활용해서 침체를 극복할 수 있다.

아이들의 중요한 동기 부여는 인정받는 것이다. 또래 아이들로부터 인정받기 위해 밤을 새워서 연습하고, 어려운 명칭들도 술술 암송한다. 만일 인정받을 대상이 부모들이라면 아이들의 동기 부여는 갑절이 된다는 것을 기억하라.

신앙생활 자체로 동기 부여를 할 수도 있지만 반대로 동기 부여를 통해 신앙을 성장시킬 수도 있다. 이를 바탕으로 예배와 교육 속에 동기 부여가 사라지기 때문에 주일학교가 침체하게 된다는 결론에 이를 수도 있다. 교회교육에서 가장 중요한 목표는 배움과 그 자체의 즐거움을 선사하는 것이다.[57]

이 목적을 해결할 수 있는 가장 좋은 방법으로 학부모들과 함께 드리는 예배를 추천한다. 이것이 요즘 행해지고 있는 세대통합예배, 혹은 온 가족예배다. 이런 예배는 대개 한 공간 안에 다양한 세대가 공존한다.

따로 예배를 드리다가 함께 예배를 드리는 것은 특별하고 신선한 경험이다. 문제는 이런 예배가 반복되면 신선함은 오래 가지 않는다. 설교 수준을 낮추면 어른들에게는 유치하게 느껴지고, 설교 수준을 높이면 아

---

57 존 카우치, 제이슨 타운, pp. 75-82.

이들에게는 높은 문턱이 된다. 매번 신선함을 유지하는 아이디어도 결국 고갈된다.

세대통합예배를 장기적으로 유지하는 핵심은 설교의 난이도 조절에 있는 것이 아니라 '콘텐츠'에 있다. 앞서 예배에 대해 언급할 때, 바흐와 헨델을 소개했다. 뿐만 아니라 인문학에서 성경적인 요소들을 표현할 수 있는 소재는 음악과 미술, 소설 등 무궁무진하다.

지난 10년간 현장에서 세대통합예배를 시도하면서 가장 중요한 것은 콘텐츠라는 것을 확신했다. 콘텐츠가 없는 세대통합예배는 결코 장기적인 호응을 얻지 못하고, 이내 기대감이 사라지고 만다. 기대감이 없는 예배라면 아이들에게는 동기 부여의 요소가 사라진 셈이다.

세대통합예배는 다음과 같은 순서로 준비하기를 권한다.

먼저 세대통합예배 기획자는 예배 메시지를 선정해야 한다. 바흐와 헨델뿐 아니라 베토벤이나 브람스 같은 음악가들로부터 성경적 메시지를 얻을 수 있는 범위가 얼마나 많겠는가? 음악가뿐만이 아니다. 미술가, 작가, 믿음의 인물들을 망라한다면 콘텐츠는 너무 많아서 고르기가 힘들 정도이다.

그중 베토벤이 고난과 절망을 딛고 신앙으로 극복했던 주제를 세대통합예배에서 표현하기로 결정한다고 가정해 보자. 담당 교역자는 해당 주제와 메시지를 표현할 수 있는 성경의 본문과 함께 설교를 준비한다.

예배 기획자는 그 메시지와 통하는 베토벤의 음악이나 연극 등을 준비할 수 있겠다. 음악 연주자나 연극에 참여할 참가자들을 섭외하는 과정에서 아이들의 재능을 발견하고, 열정을 확인할 수 있는 기회가 된다. 이

베토벤을 주제로 진행했던 세대통합예배

많은 교회들이 세대통합예배를 시도했거나 모색 중이다. 세대통합예배의 가장 큰 걸림돌
은 콘텐츠다. 콘텐츠가 없으면 아무리 홍보하고 독려해도 구호로 끝나게 마련이다.

렇게 준비해서 세대통합예배가 행해지면 아이들이 느끼는 성취감과 동기 부여는 말로 표현할 수 없을 정도로 크다.

중요한 것은 완성도가 아니라 메시지이다. 아무런 메시지를 접하지 못하고 완성도 높은 베토벤의 〈월광 소나타〉 연주를 듣는 것과 베토벤의 신앙을 듣고 난 후 약간 부족한 연주를 접하는 것을 비교한다면 후자가 주는 감동이 훨씬 크다. 예배는 공연이 아니라 하나님과의 소통이기 때문이다.

이렇게 예배를 통해 경험한 콘텐츠는 다음 예배를 기대하게 하고, 예배를 준비하고 참가한 아이들에게는 살아 있는 신앙교육을 접하는 기회가 된다. 교역자의 메시지, 그리고 이것을 연주나 연극 등으로 표현하는 순서가 예배의 중심축이 되고, 그 밖에 자녀를 위한 기도의 순서나 번뜩이는 아이디어를 순서에 넣어서 예배를 풍성하게 만들 수 있다.

좀 더 쉬운 이해를 위해 삼일교회의 '클래식예배' 사례를 들어 설명하고자 한다. 세대통합예배는 삼일교회 교육총괄 교역자로 섬기면서 본격적으로 시작했다. 이를 처음 경험한 성도들은 반신반의하며 참석했다. 이 예배가 수년간 유지될 수 있었던 이유는 확실한 콘텐츠를 통해 예배의 축을 잡았기 때문이다.

이를 강화하고, 확실한 예배 정체성을 위해 인문학 콘텐츠를 성경과 연결해 드리던 세대통합예배를 '클래식예배'라는 명칭으로 변경했다. 그러고 나서 학부모들과 아이들의 폭발적인 반응을 얻었다. 심지어 예배 시작 30분 전부터 줄을 서는 진풍경이 펼쳐지기도 했다.

바흐를 주제로 선정해 세대통합예배를 진행했을 때 먼저는 바흐의 삶과 신앙을 소개하고, 거기에 맞는 성경적 메시지를 전했다. 그 메시지에 부합한 바흐의 곡들을 연주했을 때 예배 참석자들은 선율이 마치 바흐의 설교처럼 들린다는 고백을 했다. 이 감동은 다음 예배를 기대하게 했고, 아이들은 학교에서 이런 요소를 접할 때마다 머릿속에서 예배를 떠올렸다고 자랑하기도 했다. 이것이 교육의 힘이다.

미켈란젤로의 작품들에 얽힌 신앙 이야기를 주제로 삼아 메시지와 연극, 그리고 그림 설명을 예배 순서에 넣은 적도 있었다. 그 예배를 경험한 아이들은 미켈란젤로의 그림을 볼 때마다 더 이상 그림으로 인식하는 것이 아니라 메시지로 받아들이게 된다.

말씀을 전하는 방편이 스피치만 있는 것이 아니란 것을 다시 한번 강조한다. 메시지를 전할 수 있다면 연주자나 연기자도 설교자가 될 수 있다. 어린 아이들이 이런 예배를 준비해서 재능을 통해 메시지를 전하는 설교자가 된다고 생각해 보라. 세대통합예배에서 자녀의 메시지 선포를 접한 부모들이 느끼게 될 감동은 경험해 보지 않고서는 이해할 수 없다.

뿐만 아니라 우리가 설교를 통해 들었던 수많은 믿음의 인물을 스피

클래식예배에 참석하기 위해
줄을 선 성도들

→
윌리엄 윌버포스 연극에
참여한 교역자들

치로만 전할 것이 아니라 연극으로도 전할 수 있다. 교역자들이 노예 무역을 폐지했던 윌리엄 윌버포스(William Wilberforce)의 이야기를 100분 토론 형태로 각색하여 연극으로 풀었을 때, 아이들의 기억 속에는 평생 새겨질 교육의 효과가 심겨졌다.

이제 시도해 보자. 예배라는 형태를 통해 그 속에 수많은 감동을 집어넣을 수 있고, 다양한 교육의 기회로 삼을 수도 있으며, 아이들을 예배자로 도약하게 할 수 있다.[58] 기억하라. 첫 술에 배부를 수는 없지만 분명히 예배를 역동적이고 살아 움직이게 하는 기회임에 분명하다.

---

[58] 성경의 메시지와 인문학적인 요소를 수록한 교재는 『청소년을 위한 하이델베르크 교리문답』(새물결플러스)이다. 이 속에는 하이델베르크 교리문답과 그것을 구체적으로 표현하는 인문학을 연결했다. 그 밖에도 『인문학은 성경을 어떻게 만나는가』(샘솟는기쁨)나, 『문학은 어떻게 신앙을 더 깊게 만드는가』(예책)에서도 아이디어를 얻을 수 있다.

설교와 공과공부의 구조 만들기

앞에서 살펴보았듯이 예배란, 하나님이 말씀으로 우리에게 말을 건네고 우리는 기도와 찬양으로 반응하는 것이다. 그러나 하나님이 구체적으로 말씀을 건네는 방법은 설교라는 강론을 통해서이다.

그러나 가만히 생각해 보면 아이들은 교회에 오면 서너 번의 설교를 듣는다. 담당 교역자로부터 기본적인 설교 한 번, 예배 시간에 재잘거리거나 돌아다니고 싶은 욕구가 있지만 주변에서 그것을 억누르는 교사들로부터 또 한 번의 설교(?)를 듣는다. 이어 공과공부 때 교사로부터 또 설교를 듣고, 집에 가면 부모로부터 잔소리 설교를 듣는다.

이 얼마나 풍성한 설교(?)인가. 하지만 이런 방식은 아이들을 변화시키는 것이 아니라 예배를 진절머리 나게 만든다. 하나님은 말씀을 통해 우리에게 말을 건네시지만, 실제로 아이들이 접하는 구체적인 형태가 잔소리라면 생각해 볼 문제다. 하나님이 건네는 말씀의 방편을 좀 더 효과적으로 만들 수 있는 제도적인 장치는 없을까?

설교와 공과공부를 극대화하는 방법

설교는 예배에서 무척 중요한 요소이다. 교역자의 말씀 선포가 설교이고, 교사의 말씀 적용이 공과공부다. 이 두 개의 축을 매주 해치우는 방식으로 반복한다면 아이들에게는 기대도 없고, 효과도 없다. 여러 번의 설교를 들어야 하는 아이들이 느낄 곤혹스러움은 훨씬 더 크다. 우리는 지혜를 모아서 현재보다 더 나은 효과를 만들 수 있다.

지금부터 설명하려는 부분은 현재의 조직과 인원을 통해서 효과를 극대화할 수 있는 제도적인 장치를 만들자는 것이다. 대개 설교자의 역량에 따라 부서 향방이 바뀐다. 후임 설교자에게 전임 설교자 수준의 설교를 요구할 수도 없고, 요구한다고 해도 그렇게 되지는 않는다. 그러나 제도 속에서 일정한 구조는 만들 수 있다. 잘 고안된 제도는 개인의 역량에 따라 좌우되는 영향을 최소화할 수 있다.

설교 본문과 내용을 작성하는 것은 담당 교역자의 몫이다. 그렇지만 어떤 방향과 목적으로 설교의 메시지를 만들어 나갈 것인지는 부서의 조직에서 나온다. 교회마다 다양한 특성이 있어 담임 목사의 설교에 모든 교육부서의 교육을 맞추는 경우도 있고, 부서 교역자가 임의로 선정하는 곳도 있으며, 큐티의 본문에 따라 설교를 준비하기도 한다. 어떤 형태가 최상이라고 말할 수 없으나 방식이 정해졌다면 설교와 공과공부를 효율적으로 만드는 것은 부서의 몫이다.

그렇다면 공과공부는 어떻게 진행되는가? 설교 본문이 어떤 상황에서 선정되든지 간에 중요한 것은 설교와 공과공부가 연계되는 구조를 만들어야 한다는 점이다. 설교와 공과의 연계 구조를 만들지 않는다면 매주 예배 시간을 허투루 보낼 가능성이 매우 높다.

물론 Part I에서 언급한 것처럼 주일학교 현장에서 사용하기에 만족스럽지 못한 교재의 부실함도 영향이 있을 것이다. 다만 뭐라도 해야 하기에 아무 교재로 공과공부를 하기도 한다. 진행하는 교사조차 기대감이 없다면 아이들에게는 프리즌 브레이크다.

이것을 점검해서 제도로 만드는 것이 왜 중요할까? 어른들이라면 올해 부족한 것은 내년에 개선하면 된다. 그러나 아이들은 1-2년 후면 부서를 떠나고, 그 연령의 시기는 두 번 다시 오지 않는다. 그만큼 아이들의 1년은 어른들의 1년과 다르게 변화한다. 그러니 허송세월만큼 아이들에게 치명적인 것도 없다.

우리가 최선을 다해서 감당하는데도 안 되는 부분이라면 그것은 우리의 영역이 아니다. 그러나 방법을 조금만 바꿔서 개선할 수 있는 것이라면 아이들의 인생을 위해서 무엇이라도 해야 하지 않겠는가?

이 장에서 말하려는 것은 분명하다. 각 교회의 주일학교 교역자들에게 탁월한 설교자가 되라고 하는 뜬구름 잡는 이야기가 아니다. 주일학교 교사들을 쥐어짜려는 의도도 아니다. 같은 자원, 같은 에너지를 가지고 얼마든지 개선할 수 있는 제도를 만들자는 것이다. 우리가 점검해야 하는 것은 다음과 같다.

- 교회 방침
- 메시지 방향
- 설교와 공과의 연계

이 세 가지를 무시하고 임의대로 운영하는 것과 이 세 가지를 일관성 있게 연결하는 것 중에서 어떤 것이 쉬울까. 당연히 세 가지를 하나의 구조로 만드는 것이 훨씬 쉽다. 이것을 제도로 만들면 조직이 안정되는 것을 실제로 느낄 수 있다.

먼저 '교회 방침'을 보도록 하자. 교회가 나아가고자 하는 목회 방향을 전략이라고 한다면 주일학교는 그 전략에 맞는 세부 지침을 전술로 세울 수 있다. 온 교회가 큐티 본문으로 통일하는 목회 전략을 세웠다면 굳이 다른 방침을 세울 필요가 없다. 반면, 주일학교가 자율로 선택할 수 있다면 교사들과 의논해서 아이들에게 가장 필요한 전술을 세우면 된다.

부서 방침을 정했다면 '메시지 방향'을 설정해야 한다. 설교자는 자신이 하고 싶은 말을 설교라는 형태로 말할 수도 있다. 그러나 아이들은 언어적인 요소로 습득하기보다 비언어적인 환경에서 배움의 효과가 훨씬 크다. 설교자와 교사가 연합하는 구조를 통해 그 부서는 생동하며 성장할 수 있다. 또한 본문에 자신을 맞추는 것은 설교자에게 중요한 훈련이다. 이런 과정을 통해서 설교자도 성장한다.

위의 방침을 세웠다면 설교를 어떻게 전달해 나갈지를 함께 고민해야 한다. 물론 방향을 세울 때는 반드시 '공과공부와 함께 연계'해야 한다. 그래야 설교자와 교사가 설교와 공과를 위해 함께 연합할 수 있다. 설교와 공과의 채널을 맞췄다면 어떻게 연결시킬 것인지 살펴보자.

방침과 방향이 정해졌고, 설교와 공과의 연계도 이루어졌다. 이제 교사들은 설교 시간에 이전보다 더 집중하게 되어 있다. 설교와 공과가 연계되지 않는 구조 아래에서는 공과가 별개이므로 교사가 느끼는 부담감이 커 설교 시간에 공과 준비를 하는 상황이 종종 발생하고는 한다. 그러나 설교와 공과의 연계가 이루어진 이상 설교는 공과 진행에 없어서는 안 될 중요 포인트가 되는 것이다.

이렇게 해 보자. 오는 주일 예배의 주제와 본문이 정해졌다면 설교를 통해 개념을 전달하고, 공과공부 시간에는 실제 사례를 적용하는 것이다. 이런 구조는 효과를 극대화할 수 있다. 설교자는 본문의 핵심 내용을 강론하고, 교사는 설교자의 메시지를 한 번 더 전할 필요 없이 공과공부 시간에 본문을 구체적으로 적용할 수 있도록 유도하면 된다.

이렇게 강의와 케이스 스터디의 형태로 역할을 세분화하여 중복되지 않도록 하는 것이다. 그렇다면 구체적으로 어떻게 협력을 할 수 있을지 다음에서 살펴보기로 하자.

설교와 공과의 연계 구조 만들기

설교와 공과공부 연계 구조를 좀 더 쉽게 설명한다면 교수의 강의와 조교들의 그룹 토의 구조를 떠올리면 된다. 조교는 강의할 필요가 없고, 교수는 학생들의 질문에 일일이 답할 필요가 없다. 그렇지만 그룹 토의와 적용, 질의응답을 하려면 조교들도 이 내용을 숙지해야 가능하다.

학생들은 이렇게 강의의 이론을 토대로 소그룹에서 질문과 적용을 한다. 강의에 대한 학생들의 이해도를 접한 조교들이 교수에게 피드백을 해 주면 다음 번 강의는 거기에 맞게 조금씩 개선된다. 제도의 힘이다.

이런 연계 구조가 정착된 학교라면 교수 개개인에 따라 역량의 차이 는 있겠지만 학생들이 1차 강의와 2차 그룹 토의를 통해 배움의 질을 보 장할 수 있는 최소한의 장치를 만든 셈이다. 반면, 이런 제도가 없다면 조 교들의 역할은 애매해지고, 교수 개개인에 따라 학생들의 배움은 크게 영 향을 받게 된다. 조직을 자율에 맡기지 않고 제도화하려는 이유가 바로 여기에 있다. 이런 제도 속에서는 일정한 교육 수준을 유지할 수 있다.

설교와 공과의 연계를 잘 이해했다면 이제 설교자와 교사가 소통하 고, 피드백할 수 있는 구조를 세워야 한다. 그 방법은 다음과 같다.

첫 번째 단계로 설교자와 교사 간 원활한 소통을 위해 말씀공유카드 를 만든다. 설교와 공과의 연계를 위해서는 설교자와 교사 사이에 다음 주에 있을 메시지를 어떻게 공유할 것인가 하는 문제가 있다. 설교자의 설교문은 사실 전날에 완성되는 것이 보편적이다. 그러나 본문은 미리 공 유하고 나눌 수 있다. 공과의 교재는 다음 주에 하게 될 분량이 정해져 있 다. 그렇다면 교사 회의를 통한다거나 따로 메시지를 소통하는 모임이 있 어야 한다.

앞서 예배의 본질을 살펴보았다. 하나님은 말씀으로 우리에게 말을 건네는데, 구체적인 방편은 설교자와 교사를 통해서 주어진다. 설교자가 설교하고 싶은 본문을 임의로 선정할 수 있지만 미리 교사들과 함께 고민 하고 연계해서 준비하는 모습은 예배의 본질을 가장 충실히 수행하는 태 도다.

이렇게 다음 주의 본문이 결정되면 주중에는 설교자와 교사가 본문으로 소통을 해야 한다. 설교자가 한 주 동안 설교의 주제와 한 줄 포인트를 찾아서 소통하면, 교사들은 그 본문을 통해 어떻게 적용해야 할지 준비하는 것이 한 주간에 이루어지는 '예배 준비'가 된다. 이 예배 준비를 구체적으로 어떻게 실행에 옮길 수 있을까?

하나의 방편으로 '말씀공유카드'를 통한 공유를 추천하고 싶다. 해당 카드의 명칭은 각 교회의 부서에 맞게 얼마든지 바꿀 수 있다. 대신 본문과 주제, 한 줄 포인트, 공감의 창문(본문과 삶을 연결해 주는 적용점)은 반드시 포함되어야 하는 항목들이다. 구체적인 예를 다음 표로 제시한다.

말씀공유카드	
본 문	마가복음 2장 13-17절
주 제	세리를 부르신 예수님
한 줄 포인트	예수님은 죄인으로 평가 받는 사람도 사랑하신다.
공감의 창문	학교에서 왕따 아이들에게 찾아가 볼까요?

위의 내용을 카드로 만들 수 있지만 문자메시지나 메신저, SNS로 공유할 수도 있다. 형태가 어떻든 내용은 반드시 공유되어야 한다. 이러한 일련의 약속을 지키고, 공유할 때 제도의 힘이 발휘된다.

설교와 공과를 제도적으로 연계했다면 다음 주 본문은 이미 정해져 있다. 교재를 통해 맞추는 것이 얼마든지 가능하다. 이제 중요한 것은 한 줄 포인트와 공감의 창문이다. 이것은 설교자와 교사에게 아주 중요한 요소이면서 동시에 성도로서 자신을 성장시키는 훈련이 된다.

만일 우리가 지난주에 한 편의 설교를 들었다고 생각해 보자. 부서 예배든, 혹은 대예배든, 혹은 인터넷 설교든 상관없다. 설교를 듣고 난 후 그것을 '내 언어로' 한 줄 요약을 시도해 보자.[59] 핵심은 두 가지다. 반드시 내 언어라야 하고, 한 줄이어야 한다.

설교 시간에 필기를 하지만 이것은 대부분 받아쓰기에 지나지 않는다. 받아서 요약하는 것은 잘하지만 그것을 나의 언어로 변환하는 훈련은 해 보지 못했다. 나의 언어로 설명할 수 없다면 이해하지 못했다는 것이고, 한 줄로 요약하지 못했다면 적용할 수도 없는 것이다. 처음에는 매우 어려울 수 있지만 반복해 보라. 제도의 힘을 느낄 수 있을 것이다.

특히 설교자는 앵무새처럼 본문의 정보를 전달하는 것이 아니다. 가급적 한 줄로 '나는 무엇을 말하고 싶은가?'를 요약해야 명확한 전달이 가능하다. 그렇지 않으면 전달하는 내용은 장황해진다. 설교를 들으면서 '그래서 뭐라고 하는 건데?'라는 마음이 드는 이유는 한 줄 요약이 되지 않기 때문이다. 따라서 설교문은 예배 직전까지 퇴고를 반복할 수 있지만 한 줄 포인트는 반드시 미리 정해야 한다.

공감의 창문은 본문과 삶을 연결해 주는 연결고리이다. 이것은 대부분 교회교육에서 가장 간과되는 부분이다. 암기를 강조할 뿐 삶으로 이어지는 창문을 만들지 않았다. 십계명 10개를 나열하는 암기는 잘하지만 삶 속에서 각 계명들이 구체적으로 무엇을 의미하는지는 배우지 않았던 것이다.

---

59   아사다 스구루/ 황혜숙 역, 『한 줄 정리의 힘』(센시오, 2019). 이 책 전체는 특정한 내용을 한 줄로 정리하는 의미와 필요성을 언급하고 있다.

공감의 창문은 예배 준비를 위해서 설교자와 교사가 준비해야 하는 한 줄이다. 본문의 내용을 통해서 아이들에게 무엇을 전달하려는가를 함께 고민하는 부분이어야 한다. 비록 한 줄 포인트와 공감의 창문은 한 줄짜리 내용이지만 이 한 줄을 채우기 위해서는 어쩌면 일주일 내내 고민해야 할 수도 있다. 하지만 이 고민이 있을 때 비로소 온전한 예배 준비가 이루어지는 것이고, 아이들에게 들리는 설교, 들리는 공과를 진행할 수 있다.

교사가 10명이라면 말씀공유카드를 통해 교사들이 한 가지씩 10가지의 공감을 미리 만들어 내는 것이 가능하다. 그렇게 공유된 내용 중에서 아이들에게 적용하기에 가장 좋은 내용을 교사들이 선정해 주일학교 공과공부에 활용하고 적용할 수 있다.

이 과정이 귀찮아 보일 수도 있다. 그러나 주일학교는 편하자고 하는 것은 아니지 않은가. 이런 제도가 '들리는' 메시지를 함께 준비할 때, 예배를 위한 최소한의 장치가 된다는 것을 알게 될 것이다.

두 번째 단계는 학습 전이 과정을 만드는 것이다.[60] 말씀공유카드가 작성되었다면 이제 예배를 준비하는 과정이 필요하다. 설교자는 말씀공유카드를 토대로 설교문을 만들고, 교사는 그 내용으로 아이들의 삶에 맞는 적용을 고민한다. 중요한 것은 이 내용들이 반드시 소통이 되어야 한다는 점이다.

설교자는 한 줄로 포인트를 준비해야 하고, 교사는 공감의 창문을 고

---

60   학습 전이란 하워드 가드너 박사의 『다중지능』(웅진지식하우스)에서 주장하는 내용이다. 이 책을 교회교육으로 전환해서 고민한 내용이다.

민해야 한다. 처음에는 무척 번거롭고 어렵다. 그러나 이 책『리셋 주일학교』를 믿고 따라와 주기를 바란다. 이것이 얼마나 예배에 탁월한 효과를 주는지 직접 느끼게 될 것이다. 이듬해에는 오히려 이렇게 하지 않으면 불편하다는 생각을 하게 될 것이다.

이러한 일련의 과정을 통해 소위 학습 전이가 이루어진다. 이는 한 분야에서 배운 내용을 다른 분야에서 적용하는 것을 말한다. 지금까지 우리 아이들이 교회에서 배운 내용이 실제의 삶 속에서 어느 정도로 학습 전이가 이루어졌는가?

만약 학습 전이의 정도가 미미하다면 어떤 설교가 훌륭한 설교이고, 어떤 공과공부가 훌륭한 공부인지 고민해 볼 일이다. 정보의 나열이 설교가 아니고, 설교를 재차 잔소리로 주입하는 것이 공과공부가 아니다. 삶에 적용하기 위해 일단 '들려야' 한다. 따라서 주일학교의 학습 전이가 활발하게 이루어지느냐에 따라 좋은 설교와 나쁜 설교가 구분된다.

활발한 학습 전이를 위해서는 말씀공유카드를 작성한 이후 공감의 창문을 아이들의 언어로 표현하려고 노력해 보면 좋겠다. 이것으로 사뭇 달라진 아이들의 태도를 보게 된다. 공감의 창문을 통해서 아이들로 하여금 생활 속에 어떻게 적용할 것인지 질문을 던지고 생각하게 하는 것으로 공과공부는 충분한 역할을 했다.

질문은 이유를 발견하게 하고, 이유는 다시 적용을 가능하게 한다. 이것이 사고의 과정이 되며, 차곡차곡 쌓이면 그리스도를 닮아 가는 구체적인 과정이 된다.[61] 그리고 교사는 다음의 질문으로 마무리하면 된다.

61   김종원, 『하루 한 마디 인문학 질문의 기적』(다산북스, 2020) p. 225.

- 설교를 어떻게 이해했니?
- 설교에 궁금한 점은 없었니?
- 설교를 어떻게 실천할 수 있을까?

질문은 사고를 열어 주며, 한 줄로 요약하기는 기억에 오래도록 각인시킨다. 보기에는 단순한 과정처럼 보이지만 학습 전이를 위해 가장 효과적인 훈련 방법이다. 이것은 뇌를 자극하는 이미 검증된 내용이다. 이렇게 자신의 언어와 표현으로 회수할 수 있는가가 교육의 열쇠다.[62]

교사는 이런 질문을 통해 아이들이 예배 시간에 어떤 태도로 임했는지, 정말 이해를 했는지 엿볼 수 있다. 이해를 성취하는 방법과 이해를 증명하는 방법은 이런 방식의 회수를 통해 가능하다.[63]

이런 내용을 토대로 설교를 피드백할 수 있고, 이런 구조를 만들어 가는 것이 부서를 위한 제도의 힘이다. 이러한 방식은 그동안 한국 교회에서 한 번도 시도하지 않았기 때문에 생소하고 귀찮다.

게다가 설교자는 잘했다는 말을 듣고 싶지, 결코 피드백을 반길 사람은 없다. 그렇지만 귀찮고, 달갑지 않은 과정은 부서를 끊임없이 발전시키고, 아이들을 하나님에게로 인도하는 과정이라는 것을 꼭 명심하기 바란다.

설교와 공과의 연계 구조를 만드는 세 번째 단계는 피드백 하기이다.

앞서 제시한 항목으로 공과공부를 진행하면 교사는 공과의 내용을 반복하지 않아도 되고, 예배 시간에 아이들과 함께 온전히 집중할 수 있다.

---

62   제레드 쿠니 호바스/ 김나연 역, 『사람은 어떻게 생각하고 배우고 기억하는가』(토네이도, 2020) pp. 239-275.
63   하워드 가드너, pp. 164-165.

아울러 말씀공유카드를 통해 내 생각과 아이들의 생각을 비교할 수 있다.

이런 비교를 통해 설교의 난이도를 조절하는 피드백이 가능하고, 혹시 설교가 아이들의 삶과 동떨어진 내용들로 가득하다면 피드백을 통해 아이들의 삶 속으로 다가가는 노력을 기울여야 한다는 조언도 건넬 수 있다.

입에는 달콤하지만 몸에 해로운 것이 있다. 그것처럼 설교가 좋았다는 달콤한 말이 서로를 위해 좋아 보인다. 그러나 이런 달콤함은 영혼에는 불량 식품을 만드는 행위임을 기억하자. 몸을 위한 보약은 입에 쓰다. MSG가 없는 음식은 입에 착 달라붙지 않는다. 그러나 몸을 위해서는 달콤함과 MSG를 과감히 버려야 한다.

피드백을 한다는 것은 그 자체로 부서에 애착이 있고, 열정이 있다는 뜻이다. 아무런 피드백이 없는 것은 훨씬 위험하다. 조직은 피드백을 먹고 발전한다. 반대로 조직이 병들기 시작하는 것은 아무런 반응이 없을 때다. 이미 구성원들의 관심이 떠난 상태이기 때문이다.

활발하게 피드백을 주고받는 조직일수록 건강한 공동체임이 분명하다. 귀를 활짝 열고 더 많은 피드백을 주고받는 공동체를 만들자. 단, 표현할 때는 예의를 갖추고 지켜야할 선을 넘지 말아야 함은 기본 중의 기본이다.

자칫 공식적으로 피드백을 할 경우 마음을 상하게 한다거나 공개적으로 누군가를 시험에 들게 할 수 있다. 이럴 때는 정중한 형식을 갖춰 메일로 보낸다거나 총무 교사가 의견을 수집하여 익명으로 전달할 수 있도록 지혜를 모색해야 한다. 그래야 불필요한 감정 소모를 줄일 수 있다.

설교와 공과공부의 실전 연습

지금까지 말씀공유카드를 통해 설교와 공과를 준비해 본 적이 없기 때문에 막상 이 방식으로 시작한다는 것은 결코 쉬운 일이 아니다. 하지만 한 사람에 의해 휘청이지 않게끔 조직을 탄탄하게 키우는 것이 훨씬 중요하므로 꼭 시도해야만 하는 일이다.

이런 제도적인 장치는 예산이 아닌 교사들의 공감만으로 가능하다. 또한 예배를 더 역동적으로 만들고, 필요치 않은 소모적인 분쟁과 갈등을 막는데 도움이 된다. 따라서 이 내용이 조직에 스며들도록 공론화시켜야 한다. 이제 앞서 말한 내용을 토대로 실제적인 연습에 들어가 보자.

첫 번째로 해야 할 것은 교리로 교육 방향 세우기이다.

1년은 52주이므로 주일학교를 말씀으로 단단히 세워 나갈 수 있는 교재를 찾는다면 52주 분량으로 이루어진 교재로 다음과 같다. 먼저 웨스트민스터 소교리 문답(1647)이 있고, 이보다 한 세기 먼저 제작된 하이델베르크 교리문답(1563)이 있다. 『웨스트민스터 소교리문답』을 집필 중에 있으나 출간되지 않았으므로 관련 책을 몇 권 소개하고자 한다.

『특강, 소요리 문답』(흑곰북스)은 탄탄한 논리를 바탕으로 잘 구성되어 있어 주일학교 교육 현장에서 활발히 사용되고 있다. 해당 책의 강점은 교리를 체계적으로 잘 구성했다는 것이며, 아이들의 머릿속에 교리 체계를 마인드맵으로 그려볼 수 있다. 『청소년을 위한 하이델베르크 교리문답』(새물결플러스)은 필자가 소명중·고등학교 수업 현장에서 가르치면서 모았던 내용을 교사들과 함께 집필한 책이다. 이 책의 강점은 얼핏 아이들과 무관해 보이는 딱딱한 교리의 개념을 설명하기 위해 인문학의 내용과 연결했다는 점이다. 지금도 소명중·고등학교 학생들과 이 교재로 수업을 진행한다.

교리는 성경의 내용을 체계적으로 정리한 것이다. 결코 딱딱한 조직의 수칙, 헌법 같은 것이 아니다. 성경에서 반드시 알아야 하는 내용을 주제에 따라서 표현한 것이므로 교회교육의 꽃과 같다.

종교 개혁 후 성도들에게 체계적으로 신앙교육을 시키기 위해서 이런 교리문답들이 발생했다는 태생적인 배경을 기억한다면 이것은 이미 교회교육에 있어서 역사적으로 검증된 콘텐츠다. 『하이델베르크 교리문답』은 현재 만화책으로 준비 중인데, 어린이들의 신앙교육을 위한 교재로 사용되기를 기대한다.

이렇듯 교리를 통해 교회교육을 쌓아 나가는 것은 부서를 탄탄하게 다질 수 있는 방법이다. 교리와 관련된 교재의 채택은 말씀을 기초로 교리를 배우는 한편, 설교와 공과공부로 확대하는 과정에서 온 부서가 신앙교육으로 성장할 수 있는 발판을 얻게 될 것이다.

물론 교회 전체의 방침이 따라 큐티 교재를 모든 부서가 진행할 수도 있다. 이런 방식은 설교와 공과공부의 구조를 굳이 언급하지 않아도 될 것이다. 큐티 교재들은 해설서나 가이드를 쉽게 얻을 수 있기 때문이다. 같은 성경 본문으로 온 성도가 묵상을 한다면 나름대로 장점이 있고, 세대 간에 소통할 수 있는 가능성도 생긴다.

교리를 주일학교에서 다룬다고 가정을 했을 때, 설교와 공과의 연계를 실제로 연습해 보도록 하자. 만일 1년 52주간 웨스트민스터 소교리문

←
큐리랜드TV에서 제작 중인 하이델베르크 교리문답 만화 버전

교리는 박해와 혼란의 시대 속에서 성도들을 말씀으로 양육시켰던 교육 콘텐츠였다. 그러나 교리를 일방적으로 주입하는 것은 역효과를 불러 일으킬 수 있다. 교리를 교회교육으로 쉽고 재미있게 접할 수 있는 고민과 연구가 필요하다.

답을 하기로 했다면 제1문은 다음과 같이 시작된다.

웨스트민스터 소교리문답 [제1문]

문 : 사람의 제일 되는 목적은 무엇입니까?
답 : 사람의 제일 되는 목적은 하나님을 영화롭게 하고, 하나님을 영원토록
　　즐거워하는 것입니다.

사람의 제일 되는 목적은 무엇인지 묻는 질문이다. 그에 대한 답은 위
와 같이 제시되어 있다. 그런데 독자들은 이것을 어떻게 교회교육으로 활
용할 것인가? 나는 교리의 중요성은 배웠지만 '어떻게' 가르칠 것인지에
대해서는 들어본 적이 없다. 이런 교리를 통째로 외우는 방식만 접했다.

아이들이 위의 제1문을 술술 막힘없이 암송한다면 잘된 교육이라고
할 수 있을까? 그렇게 생각하지 않기 때문에 이 내용을 집필하고 있는 것
이다. 위의 내용을 말씀공유카드로 작성해서 나눈다고 생각해 보자.

본문과 주제, 한 줄 포인트, 공감의 창문에는 각각 어떤 내용으로 채워
넣을 수 있을까? 주제는 '사람의 제일 되는 목적' 혹은 '인생의 목적' 정도
가 될 것이다. 본문은 교재마다 관련된 성경구절들이 제시되어 있으므로
설교자는 주제를 설교로 가장 잘 표현할 수 있을 본문을 채택해서 채워
넣으면 된다.

문제는 한 줄 포인트다. 하나님을 영화롭게 하고, 영원토록 즐거워한
다는 것은 무엇일까? 이것은 추상적인 관념이다. 과연 아이들의 맥락 속
에서 이 관념을 어떻게 구체화시킬 수 있을까? 그런 고민이 없다면 '지식
의 저주'[64]를 유발할 뿐, 결코 아이들과 소통할 수 없다.

말씀공유카드	
본 문	
주 제	사람의 제일 되는 목적(인생의 목적)
한 줄 포인트	
공감의 창문	

　주일학교 설교는 관념이 아니라 학습 전이를 통한 구체적인 방향을
제시해야 한다.[65] 이것을 고민했을 때, 문답의 항목을 암기한다는 것은
전혀 하지 않는 것보다는 낫겠지만 그 자체로 큰 의미가 없다.

　설교자는 이 내용을 우리의 언어를 통해 어떻게 한 줄로 요약할 수 있
을까? 도대체 하나님을 영화롭게 하고, 영원토록 그분을 즐거워한다는
것이 무엇이냐는 것이다.

　이것을 교사들은 공감의 창문에서 고민하며 작성해야 한다. 아이들에
게는 이것을 어떻게 공감하게 하고 설명할 수 있을까? 그래서 교육은 이
런 노력과 고민이 필요하다. 그렇지만 결코 불가능한 것이 아니고, 효과
는 엄청나게 큰 것이기에 제안하는 바이다.

　이것을 통해서 아이들에게 암기하도록 하는 것이 아니라 생각하도록
만들 수 있다.[66] 생각하게 할 수만 있다면 그것은 결코 주입이나 강요가

64　지식의 저주(The Curse of knowledge)란 다른 사람의 행동이나 반응을 예상할 때, 자기가 알고
　　　있는 지식을 다른 사람도 알 것이라는 고정관념에 매몰되어 나타나는 인식의 왜곡을 의미한다. 이
　　　말은 1989년 캐머러, 로웬스타인, 웨버 등 3인의 경제학자들이 발표한 논문에서 처음 등장했다.

65　칩 히스, 댄 히스/ 안진환, 박슬라 역, 『스틱』(엘도라도, 2009), 구체성 부분. pp. 151-186

66　존 카우치, 제이슨 타운, pp. 20-21.

아닌 바람직한 교육이라고 확신한다.

사람의 제일 되는 목적을 아는 것이 어떤 의미가 있을까? 앞에 했던 말을 반복한다. "바보야. 문제는 520번이라니까." 우리는 아이들의 520번의 주일을 위한 고민을 해야 한다. 매주 고민하는 작은 사고력의 조각들이 초등학교 기간 동안 300개의 이런 퍼즐 조각을 모으는 것이다. 10년이면 520개 사고의 '편린(片鱗)'들을 쌓아 나가는 것이다. 어떻게 하찮은 내용일 수가 있겠는가. 그래서 교회교육은 한 아이의 인생을 세워 나가는 숭고한 사명이다.

미취학 아이들이 5-7세까지 150개 그림으로 생각하고 질문하고 고민해서 자신의 생각을 표현한다고 해 보자. 초등학생 아이들이 300개 작품으로 교리와 삶을 바라본다고 해 보자. 이런 작업은 한국 교회의 토양을 송두리째 바꿀 수 있는 방법이다. 매주 해치우기 식으로 시간을 보내는 방식과 이런 고민이 차곡차곡 쌓이는 주일학교를 비교해 보자는 것이다.

그럼 한걸음 더 들어가 보자. 먼저 설교자가 웨스트민스터 소교리문답 제1문으로 주일 설교와 공과를 준비하려고 한다. 제1문의 문제를 읽어 보면 막연하고, 어떻게 설명할지 어렵다. 이런 경우 만화나 해설서 같은 책들이 나와 있다.[67][68] 〈기독교교리〉[69]라는 앱을 다운 받을 수도 있다.

그중에서 제1문을 설명하는 성경 구절로서 고린도전서 6장 19-20절

---

[67] 황희상, 『특강 소요리 문답』(흑곰북스)은 교리를 아주 쉽게 해설을 해 놓았으므로 충분한 도움이 될 수 있고, 함께 교회교육의 방향으로 설정한다면 부서가 성장하는 경험을 할 것이다.

[68] 부흥과 개혁사에서는 만화로 된 『웨스트민스터 소교리문답』을 출간했다. 접근성이 쉬워 교사들이나 학생들과 함께 교육 교재로 사용해도 좋을 것이다.

[69] 앱스토어에서 〈기독교교리〉를 검색하면 웨스트민스터 소교리문답, 하이델베르크 교리문답, 벨직 신앙고백문과 같은 다양한 교리들을 접할 수 있다. 이 앱에서는 문항과 관련된 다양한 성경 구절도 참고할 수 있어서 매우 유익하다.

하나님을 영화롭게 하는 것 하나님을 영원토록 즐거워하는 것	교사 〈공과공부〉 이것을 아이들의 언어로 어떻게 구체화할 수 있을까?
설교자 〈말씀공유카드〉 우리의 몸을 통해 하나님께 영광을 돌리는 어린이(고린도전서 6장 20절)	공감의 창문

을 채택했고, 설교하려는 주제는 우리 몸을 통해 하나님께 영광을 돌리는 어린이가 되자는 내용으로 설교자가 설정했다고 생각해 보자.

이제 교사들 차례다. 하나님을 영원토록 즐거워하는 것이 아이들의 구체적인 언어로 무엇일까? 만일 영원토록 하나님을 즐거워한다고 해서 아이들이 학교를 그만두고 기도원으로 들어가서 죽을 때까지 예배와 기도를 한다면 하나님이 즐거워하실까? 독자들은 이 의견에 동의하는가? 동의하지 않는다면 왜 그런가?

우리 아이들의 언어로 제1문의 답을 구체적으로 번역해 보자. 어떤 언어로 표현할 수 있을까? 번역 과정 없이 추상적이고 관념적인 표현을 던지는 것은 우리가 외국어 설교를 듣고 남는 것 없이 돌아가는 것과 같다.

만일 매주 외국어 설교를 들으면서 주일성수를 하고 있으니 괜찮다고 스스로 위로할 수 있을까? 귀에 들려야 삶 속에서 실천이 가능하다. 아이들의 구체적인 언어로 전환되지 않은 설교는 아이들에게 이런 것과 다를 바 없다.

실제로 아이들을 가르치는 사례를 소개하여 공감의 창문 만들기를 살

퍼보고자 한다. '영원토록 하나님을 즐거워하는 것'의 구체적인 사례를 어떻게 소개할 수 있을까? 교사들이 고민하는 만큼 그 아이디어는 풍성해질 것이다. 교사들이 공감의 창문을 많이 만들면 만들수록 교사들의 수만큼 '합집합'은 커질 것이고, 그만큼 아이들과 소통할 수 있는 폭도 다양해지고 풍성해질 것이다.

웨스트민스터 소교리문답 제1문을 아이들에게 각인시키기 위한 방법으로 그림을 통한 해석을 고민해 볼 수 있다. 한스 홀바인(Hans Holbein the Younger)의 〈대사들〉과 빈센트 반 고흐(Vincent Willem van Gogh)의 〈별이 빛나는 밤〉을 통해 공감의 창문을 채워 보는 것이다. 이 그림을 보면서 어떻게 하는 것이 하나님을 영화롭게 하고, 영원토록 그를 즐거워할 수 있는 것일까?

홀바인의 그림이 위대한 이유는 권력자들이 세상을 주관하는 것처럼 보이지만 십자가에 달리신 예수께서 세상을 보고 계신다는 그의 믿음이 이 그림에 흔적으로 남아 있기 때문이다. 런던에서 주일학교 아이들을 가르쳤던 빈센트 반 고흐는 이 그림에서 사이프러스 나무와 하늘의 별 12개, 그리고 교회를 통해 자신의 신앙을 드러냈다.[70] 이런 내용이 52개, 520개 쌓여서 공감의 창문을 만든다면 아이들을 영적으로 풍요롭게 만들 것이다.

---

[70] 한스 홀바인의 그림은 『청소년을 위한 하이델베르크 교리문답』(새물결플러스)에 소개되었다. 이런 식으로 설교의 메시지를 포착할 수 있다면 이런 콘텐츠를 세대통합예배를 기획하는 데에도 활용할 수 있을 것이다.

←

한스 홀바인의 〈대사들〉[71]

$\longrightarrow$
빈센트 반 고흐의 〈별이 빛나는 밤〉[72]

그림에 반영된 화가들의 믿음과 신앙이 쌓이고 쌓여 공감의 창문을 만든다면 아이들이 영
적으로 풍요롭게 될 것임에 틀림없다.

교사들의 개성을 살리는 개인 맞춤형 공과공부

주일학교 공과공부는 대체로 획일적이고 규격화된 방식으로 운영된다. 교사와 아이들을 그룹지어 1년간 진행하는 형태다. 그런 까닭에 공과공부를 분반공부라고도 한다. 그렇지만 이런 학년별 분반은 효율적이긴 하겠지만 효과적인지는 살펴볼 필요가 있다.

반별로 분류하는 방식은 평균을 기반으로 한다. 이런 형태는 효율성을 살리기 위한 용도이며, 운영자 편의에 가깝다. 정말 아이들은 이런 형태를 원할까? 잘 되고 있으면 다행이지만 관행이므로 해 오던 방식을 따르는 것 자체에서 위안을 삼으려고 한다면 버트런드 러셀의 말에 귀를 기울일 필요가 있다.

> 인간 만사에서는 오랫동안 당연시 해 왔던 문제들에도 때때로 물음표를 달아 볼 필요가 있다. 지극히 정상적이라고 생각해 왔던 것에서부터 다시 한번 생각해 볼 수 있는 것이 변화의 시작이기 때문이다.[73]

적어도 우리가 주일학교의 교육을 담당하는 사람이라면, 아이들은 어떤 형태의 분반을 원하는지 고민해야 한다. 교회에서 아이들이 배움의 흥미를 느끼지 못하는 원인은 아이들이 세상의 문화에 빠져 있기 때문이라고 단정할 수 없다. 적어도 고민하는 교사라면 우리가 가르치는 방식으로 아이들이 학습할 의욕을 잃었기 때문이라고 판단할 수 있다.[74]

---

73   토드 로즈/ 정미나 역, 『평균의 종말』(21세기북스, 2021), p.37.

학년별로 그룹을 묶는 방식이라면 어쩌면 편차가 더 심한 곳은 학교보다 교회일 수 있다. 학교에서는 진도가 일정하게 이어지고, 평균적인 단계를 예상할 수 있다. 반면 똑같은 학년이라고 해도 어린 시절부터 신앙의 가정에서 자라 온 아이들이 있는가 하면 한 부모 가정에서 이제 막 교회를 나온 아이들도 있을 것이다.

토드 로즈는 저서 『평균의 종말』에서 이렇게 그룹을 형성해서 평균적인 교육을 도모하는 교육이 효과가 없다는 것을 증명한 바 있다. 그러나 현실의 문제를 개선하는 것은 크게 어려운 일이 아니라고 그는 강조하며, 개인에 맞는 교육이 이루어져야 한다고 주장한다. 그러면서 학습은 획일적이 아니라 개인별 관심과 속도, 흥미를 기반으로 할 때 성취가 일어난다고 설명했다.[75]

그렇다면 중요한 것은 그 집단에서 개개인이 얼마나 다양하고 유연한 교육을 받을 수 있는가가 그 부서의 저력이다. 한 개인이 어떤 조직에서 배움을 제대로 얻지 못한다면 그것은 개인이 무능력한 것이 아니라 개개인을 위해 배움을 제공하지 못하는 부서의 영향이다.

예를 들어 생각해 보자. 한 아이가 구원의 확신이 없다면 그것은 그 아이가 믿음이 없기 때문이 아니라 그 부서가 믿음을 제대로 가르치지 못했기 때문일 가능성이 크다. 한 아이가 성경에 대해 제대로 된 인식을 갖지 못한다면 그것은 한 개인의 문제가 아니라 부서가 이런 부분의 교육을 포함하지 못했기 때문이리라.

---

74 존 카우치, 제이슨 타운, p. 68.
75 위의 책, 토드 로즈, pp. 22-28.

이미 교육학자들은 학교 교육의 대안으로서 평균이라는 획일성을 접고, 개인별 맞춤 방식으로 선회를 시도하고 있다. 개인의 존엄성과 가치 때문이라는 것이 그 이유다.[76] 하지만 그 이유라는 것이 몹시도 마음이 아픈 지점이다.

한 개인의 인간다움을 위해 개인을 위한 교육을 시도해야 한다는 주장은 교회가 더 간절히 원해야 하는 가치가 아닐까? 이것은 교육의 자질 문제가 아니라 개인에 대한 인식의 문제다. 한 영혼을 위해 십자가에서 죽으신 예수님을 교회에서 가르치고 있다면, 개개인의 존엄성과 가치를 위한 준비는 오히려 교회가 더 고민을 해야 하는 부분이 아닐까.

산업화 시대에 형성된 교육 방식 이전에 도제(徒弟)식 교육이 있었다. 한 사람에 의해 차근차근 배워 나가는 교육으로서 한 아이가 자신이 원하는 재능과 흥미, 적성에 따라 점점 깊이를 더해 배울 수 있는 방식이다.[77]

이렇게 자신이 원하는 흥미와 재능 위주로 모인 아이들은 서로 간에 자극과 시너지를 낼 수 있다. 아이들은 교사나 멘토로부터 얻는 것보다 동료들을 통해 얻는 것의 영향력이 훨씬 크기 때문이다.[78]

교사가 10명이라면 10명이 똑같은 내용을 10개의 그룹에서 가르칠 수도 있을 것이다. 이것이 말씀공유카드를 통해 준비하려고 했던 표준이었다. 이것이 가능하다면 더 높은 도약을 해 볼 수도 있다.

교육학자들의 지적처럼 주일학교가 보다 강력한 공동체가 되기 위해서는 통일성을 넘어 다양성을 살리는 방향으로 가야 하는 것이다. 10명

76   앞의 책, 토드 로즈, pp. 119-123.
77   하워드 가드너, pp. 255-256.
78   존 카우치, 제이슨 타운, p. 113.

의 교사는 10인 10색의 다양한 재능이 있다. 교사 각자가 가장 잘 감당할 수 교육을 준비하는 것은 어떨까.

그렇게 된다면 아이들은 10명의 교사로부터 10개의 다양한 교육을 받을 수 있는 옵션이 생긴다. 그 교사는 1년간 똑같은 아이를 맡기보다 융통성 있게 다양한 도제식 교육도 가능하지 않을까?

A 교사는 구원의 확신을 전문적으로 가르친다면, B 교사는 십계명을, C 교사는 교리를, 그리고 D 교사는 설교자와 말씀공유카드를 통해 같은 내용을 가르칠 수도 있다면 그 부서는 다양한 도제식 교육을 할 수 있을 것이다.

그 밖에 A 교사는 새가족부 전담 교사가 될 수도 있고, B와 C 교사는 성장반 전담 교사로 세울 수도 있지 않을까? 관행에 따라 고정된 방식이 아니라 다양한 시선으로 부서를 바라본다면 다양한 가능성을 붙잡을 수도 있을 것이다.[79]

79   켄 로빈슨, 루 애로니카(2016), pp. 341-342.

9

주일학교 교사 리크루트

지금까지 주일학교는 틀에 박힌 방식으로 운영되었다 해도 과언이 아니다. 교사들의 역할도 크게 다르지 않았다. 교역자와 부장, 부감, 그리고 공과를 담당하는 교사들은 어느 교회나 비슷하다.

그러나 예배를 기획하는 교사도 필요하고, 공과공부를 위한 교사도 필요하다. 찬양을 담당하는 교사와 세대통합예배, 그리고 야외예배를 전문적으로 준비하는 교사도 필요하지 않을까? 얼마든지 주일학교 교사들을 통해 다양하게 준비할 수 있다.

심지어 학부모들을 교사로 세워 보자. 내 아이를 가르치는 심정으로 교사 역할을 담당할 것이므로 탁월한 잠재력을 발휘할 가능성이 있다. 이제 관행을 깨고 우리가 주일학교의 교사들을 세워 가 보자. 주일학교가 독자들에게 달렸다.

한 명의 교사가 바꾼 세상

유명한 사람들의 생가(生家)는 관광 명소가 되거나 기념물을 통해 그 인물을 기린다. 태어난 곳이 그 인물의 박물관이 되는 경우도 많다. 유럽에 가 보면 명사들이 거쳐 간 곳은 푸른색 명판이 붙어 있고, 그를 기리는 글귀를 적어 놓았다. 어떤 작가가 1년간 거주했던 장소였다든지, 어떤 혁명가가 이 레스토랑에서 역사를 바꾼 발표를 했다든지 하는 식이다.

실제로 그 인물과 그 장소, 그리고 기념 명판이 붙은 시점을 생각해 보자. 그 인물이 태어나거나 거쳐 갔던 그 순간에 기념 명판이 붙지는 않는다. 그 순간은 아무도 신경 쓰지 않는 무의미한 장소였을 테다.

나중에야 기념을 하려고 보면 철거된 생가가 많아서 뒤늦게 그 현장을 복원하는 경우도 비일비재하다. 그 순간에 그 장소의 중요성을 결코 알 수 없다. 명판이 붙기까지는 수십 년, 수백 년이 걸릴 수도 있다.

톨스토이 단편 중 「세 가지 질문」이 있다. 작품에서 "무엇이 가장 중요한가?"라는 질문에 대해 톨스토이는 바로 지금 눈앞에 있는 사람에게 최선을 다해야 한다는 답을 적어 넣었다. 그리스도인이라면 가져야 할 보편적인 태도이며, 이것은 그리스도께서 당부하신 태도다.

17세기 후반에 기록된 『천로역정』은 세상을 바꾸었다. 존 번연(John Bunyan)은 당시 가난한 땜장이였다. 존 기퍼드(John Gifford) 목사는 최선을 다해 그 볼품없고 무식한 청년을 가르쳐 회심하도록 했다. 놀랍게도 땜장이 청년이 쓴 책은 전 세계에서 성경 다음으로 많이 번역된 책이 되었다. 시간이 지나 후에 존 번연은 역사적인 인물이 되었지만 존 기퍼드 목사를 기억하는 사람은 거의 없다.

알베르 카뮈(Albert Camus)는 한 살 때 아버지를 잃고 극빈 가정에서 자랐다. 그런 그를 친절히 대하며 아버지의 빈자리를 채워 주었던 초등학교 2학년 담임 루이 제르맹. 알베르 카뮈는 노벨문학상 수상 소감에서 그 선생님을 향해 특별히 감사를 표현하기까지 했다.

> "단순히 그가 월급을 받고 가르치도록 되어 있는 것만을 가르친 것이 아니라 개인적인 삶 속에서 그들을 단순 소박하게 맞이하여 주었으며, 그들과 함께 그 삶을 살았고, 그들에게 자신의 어린 시절과 그가 사귀었던 어린이들의 이야기를 해 주었다."[80]

맷이라는 사람이 있었다. 그는 고등학교 시절, 부적응 학생이었다. 수업에 흥미를 느끼지 못해 성적을 내지 못했던 열등한 학생이기도 했다. 그는 그저 그림을 끼적거리는 취미 외에는 다른 어떤 분야에도 관심이 없었다. 주변 사람들은 그가 그리는 그림을 낙서라고 생각했기에 한심한 아이로 취급했다.

그러던 그가 고등학생 때 10년 전인 초등학교 1학년 때 자신을 가르쳤던 엘리자베스 후버(Elizabeth Hoover) 선생님을 우연히 만났다. 그 선생님은 놀랍게도 1학년 때 그가 그린 그림을 보관하고 있었다. 맷은 선생님의 관심과 사랑으로 삶의 의욕을 불태우기 시작했고, 급기야 그가 그린 그림은 세계에서 가장 유명한 만화 시리즈가 되었다.

그는 바로 〈심슨 가족〉을 탄생시킨 맷 그레이닝(Matthew Abram Groen-

---

80   알베르 카뮈/ 김화영 역, 『최초의 인간』(열린책들, 2009), p.172.

ing)이다.[81] 그는 자신의 재능을 기억해 준 선생님에 대한 존경의 마음으로 선생님을 심슨 시리즈에 한 캐릭터로 등장시킨다. 얼마나 보람되고 기쁜 순간인가.

후버 선생에게는 맷 그레이닝 말고도 수많은 제자가 있었을 텐데, 초등학교 1학년이었던 맷의 보잘 것 없는 낙서를 10년간 간직한다는 것은 결코 쉬운 일이 아니었다. 그녀는 적어도 10년간 10개 학년의 학생들을 가르쳤을 것이기 때문이다. 또 그녀가 맷이 유명해질 거라 상상하며 그림을 간직한 것도 아닐 테다. 실제로 맷과 그가 그린 〈심슨 가족〉의 주인공 심슨은 세계적인 인물이 되었지만 엘리자베스 후버 선생을 아는 사람은 드물다.

앞서 이미 언급했듯이 미국 역사상 최고의 복음 전도자였던 드와이트 무디는 당시 세계에서 가장 많은 사람에게 복음을 전했던 인물이었지만

→
심슨 시리즈에 등장한
엘리자베스 후버

81 _____ 켄 로빈슨, 루 애로니카(2016), pp. 24-26.

구두 수선공이었던 청소년을 맞이했던 에드워드 킴볼이라는 주일학교 선생을 아는 사람은 없다.

이것이 한 명의 교사가 바꾸는 세상이다. 우리가 대면하는 아이들이 어떤 인물이 될지 아무도 모른다. 보람을 전혀 느낄 수 없는 아이들도 있고, 내가 담당했다는 사실조차 모를 아이들도 있다.

어쩌면 그 아이들 중에 땜장이나 구두 수선공 같은 아이들도 있고, 낙서만 일삼는 한심한 아이들도 있을지 모른다. 혹은 가족이 깨어져 비관적인 환경을 살아가는 카뮈와 같은 아이들도 있을 것이다. 교육의 효과가 나타나기까지 최소한 한 세대가 필요한 과정임을 생각한다면 교사는 반드시 다음 사항을 염두에 두지 않으면 안 된다.

- 교사의 역할은 당장 티가 나지 않는다. 앞으로도 티가 안 날 수도 있다.
- 교사는 지식으로 가르치는 것이 아니라 철학(신념)으로 가르친다.
- 교사가 바라보는 소망은 아이들의 미래다.

부서를 이끌어 가다 보면 교사들 사이에 갈등을 겪는 일은 흔하게 일어난다. 그중에는 당장 눈앞에 보이는 결과를 위한 것과 미래를 위한 결정 사이에 대립하는 갈등도 발생한다. 부서에서 생긴 갈등은 앙금으로 남고, 종종 부서를 와해시키는 원인이 된다.

사람 사는 곳에서 갈등 자체를 피할 수는 없다. 그러나 갈등을 극복하기 위해서는 반드시 기준을 세우고, 함께 공유할 가치를 자주 상기해야 한다.

교사는 즉각적인 결과를 증명할 수 있는 물건을 판매하는 사람이 아니다. 교사는 아이들의 인생이라는 수많은 퍼즐 조각을 하나씩 놓는 사람이다. 지금 담당하는 아이들에게 놓을 퍼즐 조각 하나로 전체의 그림을 보는 것은 불가능하다. 그래서 교사는 효율성으로 가르치는 것이 아니라 철학으로 가르치는 것이다.

지금 4세 아이를 가르친 결과가 10년 후 사춘기에 나타날 수도 있고 나타나지 않을 수도 있다. 당장 5세 아이들이 내가 가르쳐 준대로 암송도 잘하고, 무릎 꿇고 기도하고 예배하는 것을 기가 막히게 잘한다고 해도 고등부를 졸업한 후 교회를 떠날 수도 있다.

따라서 교사가 평가하는 것은 지금 당장 가시적인 결과를 기준으로 삼을 것이 아니다. 목적이 수단을 정당화시킬 수 없다. 이것이 교사가 정확한 목적과 정직한 수단으로 정도를 걸어야 하는 이유다. 그렇다면 어떤 교사가 우리 부서를 섬길 수 있을까? 지금부터 고민해 보자.

교사들과 교집합을 만들자

주일학교 교사는 어떤 선생님이어야 할까? 말을 잘하고, 잘 가르치는 선생님일까? 아이들에게 맛있는 간식을 잘 사 주는 지갑을 많이 여는 교사가 훌륭한 교사일까? 어떤 교회에서 이렇게 자랑하는 내용을 들었다. "우리 주일학교 교사 대부분은 학교 선생님들입니다." 이 말이 정말 자랑일지 아닐지는 그 아이들이 한 세대가 지난 후에 드러날 것이다.

중요한 것은 그 자랑을 아이들도 동의하고 있느냐는 것이다. 그런 자랑은 담당자의 허영일 수 있다. 아이들은 교사들의 등 뒤를 보면서 그 교사로부터 배우는 것이지 교사의 이력과 소유에 따라 가치를 매기지 않는다.

교회마다, 사람들마다 이상적인 교사라고 생각하는 교사상(敎師像)은 저마다 다르지만 반드시 공통적으로 모아지는 교집합은 있어야 한다. 아이들에게 비싼 간식을 잘 사 주는 교사는 좋은 교사로서의 필요조건이다.

그 교사가 다른 부분에도 본이 된다면 간식을 잘 사 주는 행동은 긍정적일 수 있다. 그러나 안타깝게도 예배자로서의 본이 되지 않고, 매일 지각하면서 지갑을 여는 것으로 무마하려는 교사들을 접해 본 적도 있다. 어떤 교사가 아이들의 충분조건에 부합하는 교사일까?

- 아이들을 사랑하는 교사
- 아이들을 말씀으로 가르치는 교사
- 아이들을 위해 매일 기도하는 교사

이런 조건들을 보면 어떤 느낌이 드는가? 혹은, '기도하고, 기다리고, 기대하는 교사'도 그동안 교사 세미나에서 익숙하게 들었던 내용이다. 이런 내용은 교사의 기본 전제이지 조건일 수는 없다. 객관적으로 증명할 수가 없기 때문이다.

부서에 근심거리를 안겨 주면서도 '나는 아이들을 사랑하고, 매일 기도하는 교사다'라고 항변하는 모습도 종종 봐 왔다. 무엇으로 교사의 자격을 교집합으로 만들 수 있을까? 두루뭉술한 방식은 교사들을 통해 부서를 운영할 때 전혀 도움이 안 된다. 기도를 많이 하거나 사랑이 많은 교사는 관념적이므로 측정할 수 없다. 모호함은 언제나 변화를 실행할 수

없게 만드는 적이다.[82]

이것을 극복하기 위해서는 무시할 수는 있어도 반박할 수 없는 체크 리스트를 만드는 것이 좋다.[83] 교사들이 교회에 오면 반드시 가시적이고, 명확하게 드러나는 체크 리스트를 할 수 있도록 독려하면 어떨까? 이런 교집합을 만들어야 교사됨이 명확해진다.

교집합이라면 누구나 납득할 수 있는 객관적이고, 구체적인 수치를 만들어야 한다. 피터 드러커가 제시한 목표 설정을 교육에 접목해 우리가 알아야 할 내용을 SMART로 정리할 수 있다.

S(Smile)	언제나 미소로 아이들을 대하는 교사
M(Meeting)	매주 아이들과 대면/ 비대면으로 접하는 교사
A(Attending)	예배에 빠지거나 지각하지 않는 교사
R(Respectful)	아이들을 존중하는 교사
T(Trustworthy)	약속을 잘 지키는 교사

위의 항목들은 보다 구체적이다. 기도하고, 기대하는 교사는 외형으로 드러나지 않지만 Smile은 표정에서 드러난다. 교사들이라고 해서 왜 어려움이나 개인적인 고난이 없겠는가? 그러나 아이들에게는 반드시 웃는 모습을 보여야 한다. 그래야 아이들에게 안정감을 줄 수 있다.

또한 교사는 아이들과 일주일에 한 번씩은 반드시 어떤 형태로든지 접

82   칩 히스, 댄 히스/ 안진환 역, 『스위치』(웅진지식하우스, 2010), p.86.
83   위의 책, p.312.

해야 한다. 교사는 산소호흡기라는 사실을 잊으면 안 된다. 교사가 아이들을 사랑하는 것은 표시가 나는 것은 아니지만 예배에 빠지거나 지각하면서 아이들을 사랑한다는 것은 말뿐일 가능성이 높다. 실제로 어떤 교사는 직업상 한 달에 꼭 한 두 번씩 결석을 했던 기억이 있다. 아무리 탁월한 능력이 있고 성품이 좋다고 해도 반을 맡기는 데에는 무리가 있다.

끝으로 아이들과의 약속은 결코 어겨서는 안 된다. 이것은 무척 중요한 문제다. 그리고 아무리 어린아이들이라도 아이들을 존중하는 교사라야 한다. 아이들을 존중해 주는 역할이기에 아이들에게 산소호흡기가 될 수 있는 것이다. 명심해야 할 부분이다.

어떤가? 훨씬 더 구체적이지 않은가? 이것은 하나의 예시일 뿐이다. 교사들과의 의견 교환을 통해서 반드시 공감하고, 동의할 수 있는 구체적인 항목들을 세워야 한다. 개인의 신앙생활을 판단하거나 함부로 단정할 수는 없지만 아이들을 맡았다면 반드시 외형으로 드러나는 교집합이 있어야 한다. 그 이유는 오로지 아이들을 위해서다.

교사들과 합집합을 만들자

아리스토텔레스는 '전체는 부분의 합보다 크다'라는 말을 남겼다. 교사들이 어떤 마음으로 그 조직에 모여 있느냐에 따라 부서는 개인의 합보다 클 수 있고, 반대로 교사들 관계에 균열이 생겼다면 부서의 전체는 개인의 합보다 훨씬 수축될 수도 있다.

주일학교 교사의 조직이나 구성에 정해진 형태는 없다. 교회의 형편에 따라 얼마든지 자체적으로 구성하거나 변형할 수 있으며 부서가 추구하는 방향에 따라 조직은 변화할 수 있다. 교사들이 반을 맡으면서도 반을 벗어나 전체 부서를 위해서 다음과 같은 역할을 추가해 볼 수도 있다.

팀 분류	역할
행정팀	예배를 행정적으로 돕는 교사들이다. 총무 교사를 중심으로 서기, 회계 업무를 감당하는 교사들로 구성된다.
공과연구팀	말씀공유카드 작업을 전문적으로 감당해서 공과공부에 다양함을 제공해 주는 교사들이 이 역할을 맡는다.
예배기획팀	예배를 기획하고 역동성을 불어 넣으며, 다양한 재능을 예배에 집결할 교사들이다. 세대통합예배도 기획할 수 있다.
찬양팀	아이들이 찬양과 율동으로 예배를 섬기는 것을 돕는 교사들이다. 이들에게 아이들이 예배를 배운다. 이 교사들은 아이들이 예배자로 자랄 수 있는 것을 지도한다.
새가족팀	새로 온 아이들이나, 혹은 구원의 확신을 통해 은혜를 경험하게 하는 교사들이다.

이런 교사의 조직은 아마 대부분의 교회에서도 운영하고 있을 것이다. 그러나 말씀공유카드와 관련해서 공과공부를 좀 더 고민하거나 예배를 기획하는 부분에서 역량을 늘리기 위해 이런 예시를 넣었다. 이 외에도 교회에서 다양한 재능을 가진 성도들에게 교사로 섬길 기회를 부여할 수 있다.

첫 번째, 북 버디(Book Buddy)로 읽기 교사이다. 미국 오클라호마 주에서 성공한 조기 독서 프로그램이 있다. 3-5세의 아이들을 대상으로 진행한 독서 수업이었는데 퇴직자 전용 아파트에서 실시했다. 아이들이 더듬더듬 책을 읽으면 퇴직한 노인들이 귀 기울여 들어주었고, 반대로 노인들이 아이들에게 책을 읽어 주기도 하면서 노인과 아이들이 연결되었다.

'북 버디(Book Buddies)'라는 이름의 해당 프로그램은 가장 성공적인 결과를 얻어 낸 프로그램으로 평가받는다. 꾸준히 이 프로그램을 통해 노인들의 이야기를 듣고, 책을 접한 5세 아이들의 70%가 이미 초등학교 3학년 수준의 독서 능력을 보였다는 결과가 있다.[84]

생각해 보자. 아이들에게 귀를 기울이고 책을 읽어 주었던 노인이 주일학교 교사일 수는 없는 것인가? 아프리카 속담에 "노인 한 사람이 죽으면 도서관 하나가 불타는 것과 같다"라는 말이 있다.

노인은 신체적으로 나이가 들었을 뿐 인생의 지혜를 압축해 가지고 있는 사람들이다. 은퇴 전에는 학교, 기업, 공무원, 전문직에서 나름의 지혜를 축척한 걸어 다니는 '휴먼북'이다. 이렇게 발상을 전환하면 아이들에게 얼마나 풍부한 신앙교육의 원천이 되겠는가?

그런 노인들을 주일학교의 틈새에 활용할 수 있다면 그들은 모든 열정을 쏟아서 헌신하리라 믿어 의심치 않는다. 노인들은 돈을 위해 일하는 것이 아니라 자신의 가치를 알아 주는 곳에서 최선을 다하기 때문이다. 그런 이들에게 가치를 부여하면 "아침에 눈을 뜰 이유를 갖는다"라고까지 말한다. 교회교육을 위해 아이들의 재능과 은퇴자들의 역량을 연결하는

---

84   켄 로빈슨, 루 애로니카(2016), pp. 294-296.

것은 고민해서 생각해야 할 아이디어임에 틀림없다.[85]

두 번째, 중보기도 교사이다. 어린 자녀를 둔 부모라면 정상적으로 예배 생활을 하는 것이 얼마나 어려운지 알 것이다. 아이들을 돌보느라 제대로 예배를 드리지 못하는 주일이 많아질수록 신앙의 곤고함을 호소하게 된다.

이런 부모들이 신앙의 회복과 충전을 이룰 수 있도록 돕는 것만으로도 신앙교육에 큰 기여를 하는 것이다. 집에 돌아가면 이 부모들이 아이들을 교육할 것이기 때문에 부모가 어떤 상태로 아이들을 돌보는가는 교육의 질과 직결되어 있다.

미취학 부서라면 무조건 가르치고, 프로그램을 운영해야 한다는 고정관념을 버리고, 예배를 온전히 드릴 수 있도록 아이들을 예배 시간 동안 맡아 주는 교사들을 세우면 어떨까? 이미 멀리 앞을 내다보는 교회들은 이런 역할을 감당하고 있다.

권사님들이 이런 교사를 맡는다면 얼마나 아이들을 잘 돌보겠으며, 부모가 예배를 드리는 동안 얼마나 아이들을 위해 기도를 잘해 주겠는가? 교사는 무조건 가르쳐야 한다는 생각은 편견이다. 이런 역할도 그 가정을 위해서는 매우 훌륭한 생각일 수 있다.

세 번째는 학부모 교사이다. 학부모들은 사회 곳곳에서 여러 일에 종사한다. 물론 학부모이기 때문에 누구보다 아이들을 위한 열정을 갖고 있

85　켄 로빈슨, 루 애로니카(2021), p.66.

다. 상황으로 인해 교사를 감당할 수 있는 여건이 안 된다면 정기적으로 날짜를 정해 이따금씩 학부모를 교사로 세울 수 있다.

이를 통해 아이들이 재능을 발견하도록 하고, 전문 분야를 감당하는 부모를 연결해 꿈을 성장시켜 나가는 교사들로 발굴할 수도 있다. 아일랜드의 시인이자 극작가인 윌리엄 예이츠(William Butler Yeats)는 "교육은 물통을 채우는 것이 아니라 아이들의 마음에 불을 지피는 것이다"라고 했다. 이런 방식으로 아이들의 마음에 불을 지피는 것도 훌륭한 교육이 아닌가?

네 번째는 야외예배 교사이다. 연령별 발달 부분에서 미취학 아이들 중 특히 비언어적 요소에 영향을 받는 아이들에게 가장 좋은 교사는 자연이라고 언급한 바 있다. 그러므로 자연의 중요성을 인지했다면 신앙교육의 연장으로 야외예배를 준비할 수 있다.

야외 행사에 특화된 성도들은 어디에나 있게 마련이다. 그들을 교사로 스카우트하여 세우면 어떨까? 아마 예배가 무척 즐겁고 풍성해질 것이다.

마지막으로 창의력 교사가 있다. 성도들 중에 미술이나 유아교육을 전공한 이들이 있다면 적극적으로 교사로 스카우트하기를 바란다. 앞서 언급했듯이 교회 벽면에 수많은 그림을 전시했다면 그것을 방치할 것이 아니라 이들을 적극 활용하는 교육을 감당하는 교사를 세울 수 있다.

복잡하고 소란스러운 부서실을 벗어나 두세 명의 아이를 데리고 그림 앞에 가서 조곤조곤 이야기를 나누며, 그림으로부터 신앙교육을 받는 신기한 경험을 하게 될 것이다. 이런 창의력 교사들을 세운다면 한 달 간격으로 돌아가며 똑같은 그림을 다른 아이들에게 설명할 수 있지 않을까?

　여러 창의력 교사들로부터 아이들이 개별 맞춤으로 교육을 받을 수 있다면 주일학교의 교육은 얼마나 탄탄해질 수 있겠는가? 사회에서 유행하는 도슨트[86] 수업을 교회로 들여오는 것이다. 사실 도슨트들이 다루는 그림을 보면 성경과 관련된 그림들이 상당수를 차지하고 있지 않는가? 교회에서도 얼마든지 활용 가능한 교육이 될 수 있다.

PART 3

교회교육을 위한 콘텐츠, 인문학

The

one

hurch school

manual that

rson changes.

 가난한 구두 수선공 마르틴 아브제이치는 전날 그리스도가 그에게 찾아온다는 소리를 들었다. 꿈인지 생시인지 구분을 할 수 없었지만, 다음 날 그는 구두를 수선하면서도 그리스도가 혹시나 찾아올지 모른다는 기대감을 갖고 있었다. 그렇지만 그에게 찾아온 사람은 가난한 이웃, 헐벗은 여인, 불쌍한 노파와 그녀로부터 사과를 훔친 소년뿐이었다. 그리스도가 아니어서 실망을 했지만 마르틴 아브제이치는 그들에게 최선을 다해 사랑을 베풀었다. 그날 저녁 집에 홀로 있을 때, 음성이 들렸다. "이 사람이 나였다." 그 소리와 함께 차례로 그날 만났던 사람들이 나타나서 미소를 지은 후 사라졌다. 마르틴 아브제이치는 기쁜 마음으로 책상 위에 있는 성경책을 읽었다. 성경책에는 이 구절이 적혀 있었다.

"내가 주릴 때에 너희가 먹을 것을 주었고, 목마를 때에 마시게 하였고, 나그네가 되었을 때에 영접하였고, 헐벗었을 때에 옷을 입혔고, 병들었을 때에 돌보았고, 옥에 갇혔을 때에 와서 보았느니"(마 25:35-36)

- 톨스토이의 『사랑이 있는 곳에 하나님도 계시다』 중에서

나는 이 소설의 한 부분이 Part 3의 제목을 충분히 이해시키고도 남으리라고 생각한다. 인문학만큼 교회교육의 콘텐츠로 활용하기 적합한 것이 또 있을까?

10

교육교육의 블루오션을 발견하라

우리가 잘 알고 있듯이 부모는 자녀를 위한 일이라면 무엇이든지 할 존재이다. 한 통계는 이런 부모의 특성이 신앙생활에도 예외 없이 적용되는 것을 보여준다. 부모들의 40%가 자녀들의 교육에 따라 교회를 옮기겠다고 응답한 것이다.[87] 비율이 40%이건, 55%이건 간에 이것이 부모의 마음이다.

그렇다는 것은 주일학교가 교육의 본분을 충실히 감당한다면 부모들의 신뢰를 얻을 수 있는 기회가 된다는 말이다. 황무지에서 꽃이 피듯이 입시 제도로 인해 황무지가 되어 버린 아이들의 삶이라는 위기 속에서 기회를 발견할 수도 있다.

---

[87]   양금희, pp. 148-149.

신뢰를 회복하기 좋은 부분은 콘텐츠다. 태생적으로 교회교육을 위해 만들어진 콘텐츠는 바로 '인문학'이라 말하고 싶다. 이번에는 인문학 개념을 소개하고, 그것이 독자들에게 교회교육의 재료로 타당하다고 느꼈을 때 실제로 교육에 접목할 방법을 그대로 실었다.

이것을 따라하다 보면 반드시 교회들만의 아이디어가 생겨서 자생적으로 만들 수 있다. 만일 여전히 어려워 자립이 힘들다 해도 걱정은 이르다. 누구라도 쉽게 사용할 수 있도록 콘텐츠를 제작했고, 앞으로도 더 많은 콘텐츠를 제작할 예정이기 때문이다.

앞으로 교회들마다 콘텐츠를 만들고 그것을 공유하는 소위 합집합이 커진다면 한국 교회의 주일학교는 판도가 바뀌리라 믿는다. 우리가 게임 체인저(Game Changer)가 되는 것이다.

'왜'는 없고 '무엇'만 있는 교육

교회교육 현장에서 아이들과 만나면 마치 공장에서 찍어 내는 것 같은 느낌을 받을 때가 있다. 아이들은 마치 기계처럼 십계명, 사도신경, 주기도문을 잘도 외운다. 특별히 성경 암송을 훈련받은 아이들은 몇십 개, 몇백 개의 구절도 척척 암송한다.

하지만 구태여 기계라는 표현을 쓰는 것은 암송은 있으나 이해는 없는 경우가 많기 때문이다. 십계명의 4계명을 물어 보면 모르는 아이가 거의 없을 정도이다. 그렇다면 질문을 바꿔 십계명의 2계명이 '구체적으로' 무엇인지, 그리고 아이들의 언어로 그것은 무엇을 말하는 것인지 물어 보

라. 그저 웃기만 할 뿐이다.

신앙의 힘은 암기에 달린 것이 아니라 삶 속에서 그것이 발휘하는 능력에 달렸다. 그러나 이런 방식으로 교육받지 않았고, 내용을 이해해 본 적이 없으므로 구체적인 실생활에서 신앙이 발휘되지 않는다. 아이들에게 '무엇'만 강요했을 뿐, '왜' 그것을 접해야 하는지에 대한 고민은 없었기 때문이다.

사도신경과 십계명을 다시 생각해 보자. 왜 사도신경을 배워야 하는가에 대해 제대로 가르침을 받아 본 적이 있는가? 우리는 왜 십계명을 배웠으며, 십계명은 우리의 신앙에 왜 중요한가?

왜?에 대해 고민한다면 그 답은 의외로 수많은 인문학적 지식에서 해결책을 얻을 수 있다. 신앙을 표현한 수많은 예술과 문학 작품을 떠올려 보라. 작가들은 소일거리로 그런 작품을 만들지 않았다. 왜 그것을 표현해야 하는지 수년간, 혹은 평생 고민한 결과로 그 작품을 완성했다. 그런 인문학과의 접촉을 통해 교회교육이 던지는 왜?라는 질문이 완성될 수 있다.

인문학의 태생과 성격

나는 대한민국에서 가장 보수적인 교단에서 신학을 공부를 했고, 해당 교단에서 목회자가 되었다. 그런 배경에서 활동을 하다 보니 인문학을 인본주의(人本主義)로 간주해 왔다. 고대 그리스의 벌거벗은 신들을 음란한 문화로 인식했고, 문학은 무신론자들이 하나님을 대적하는 활동으로 여겼다. 얼마나 무식했는지 고백하지 않을 수 없다!

실제로 신학 대학 강의실에서 중세는 하나의 흐름으로 지속되었으나 16세기에 종교 개혁과 르네상스로 분열된 역사라고 배웠다. 그러면서 종교 개혁이 하나님을 향한 흐름이었다면 르네상스는 하나님을 대적한 흐름이었다는 가르침을 당연하다는 듯 받아들였다.

역사적으로 언급하자면 "인문학자 에라스무스가 알을 낳았고, 루터가 부화시켰다"는 표현이 있을 만큼 인문학은 종교 개혁을 부화시켰다. 실제로 에라스무스, 루터, 칼뱅 모두 인문학자들이 아니었던가?

그러므로 종교 개혁이 신학적으로 성경을 표현한 것이라면 르네상스는 인간의 언어로 성경을 표현했다고 봐야 하지 않을까? 물론 모든 인문학이 그렇다는 것은 아니지만 작품이 만들어진 배경 중 상당 부분은 그렇다.

종교 개혁은 거룩하고, 르네상스는 인본주의이므로 악하다는 인식은 우리가 알게 모르게 접했던 경험 속에 있을 것이다. 예배 시간에 CCM은 안 되고, 오로지 찬송가만 불러야 했던 때가 있었다. 클래식은 세속 음악이고, 복음송은 천박한 기독교 음악 정도로 이해했던 것이 지난날 교회의 인식이었다.

그러면서도 성탄절에는 헨델의 〈메시아〉 칸타타를 부르면서 바흐와 비발디의 음악을 세속 음악으로 인식했던 것은 어떻게 설명할 수 있을까? 실제로 바흐가 루터교 찬송가를 위해 만든 수많은 음악을 코랄이라고 부르지 않았는가? 게다가 비발디는 고아들에게 음악을 가르치던 성직자였다. 통기타와 드럼으로 연주하면 복음송이 되지만 성악가가 부르면 복음 성가(聖歌)가 되는 이유를 나는 아직도 모르겠다.

물론 모든 인문학과 예술이 다 성경적이고 거룩하다는 것은 아니다. 실제로 종교 개혁에 대항하기 위해 반(反) 종교 개혁을 일으킨 로마 가톨릭의 주문으로 만들어진 예술 작품들도 있다는 것은 부인할 수 없다. 당연히 성경을 부인하고 회의를 품은 작가들도 있었고, 교회와 권력자들의 주문을 받아서 그들을 미화했던 어용(御用) 예술가들도 있었다.

그러나 '역사'라는 시간과 '대중의 이해'라는 공감은 작품들의 진정성을 검증하는 여과 장치가 되었다. 그런 까닭에 당대에는 빛을 보지 못했으나 후대에 불멸의 작품으로 인정된 것들이 있는 반면, 권력자의 전폭적인 지지와 대중들의 사랑을 받은 작품이지만 시간이 지나면서 슬그머니 인식에서 사라진 작품들도 많다.

시간과 공감을 통해 지금까지 전해진 인류의 유산을 고전(古典), 혹은 클래식이라고 부른다. 이 속에는 얼마나 많은 성경의 내용과 소재들이 포함되어 있는가? 그런 태생적 배경을 생각한다면 그것은 학교나 학원이 아니라 교회가 반드시 주도적으로 교육의 도구로 사용해야 할 콘텐츠가 아닐까?

인문학의 재발견

인문학은 인간과 인간의 근원 문제, 인간의 문화와 가치관을 탐구하는 학문으로 정의할 수 있다.[88] 이 속에는 소위 문사철(文史哲)이라고 하는 문학, 역사, 철학이 포함되고, 예술도 포함한다. 우리가 인문학이라고 했을 때, 한국과 동양의 인문학도 있지만, 대개 예술과 문학은 서구를 떠올

---

88   위키피디아 백과사전 인용.

린다.

서구 사회는 서로마 제국이 멸망한 이후부터 지금까지 "기독교 사회였지만 성경적이지 않은 사회"[89]로 정의할 수 있다. 서구 사회는 1천 년이 넘는 시간 동안 기독교 사회였고, 교회가 지배하는 공간이었다. 그러나 성경적이지는 않은 사회였다.

이런 관점에서 본다면 서구 사회에서 배출된 수많은 작품은 성경의 가치를 사회 속에서 이상으로 표현하려는 움직임이 많았다. 그것이 종교개혁이었고, 수많은 작가가 만들어 낸 인문학 작품들이다. 그래서 인문학은 크게 두 가지 특징이 있다.

- 한 인간에 대한 관심과 가치를 표현하는 것
- 구체적인 성경의 이상을 드러내는 것

이 두 가지가 인문학이 표방하는 특징이다. 인문학이 표현하는 것들은 성경에 담긴 수많은 신학적 '관념'을 현실에서 구체화시킨 것이라고 할 수 있다. 그 속에는 한 인간의 가치를 표현한 것은 물론, 성경이 제시하는 이상을 드러낸 것이다. 이것이 내가 『인문학은 성경을 어떻게 만나는가』(샘솟는기쁨)를 집필한 동기였고, 신앙교육을 위해 인문학을 활용하는 이유다.

한 인간에 대한 관심이야말로 '한 영혼이 천하보다 귀하다'는 교회의 슬로건을 구체적으로 표현한 것이다. 한 사람의 가치를 존중하지 않는다

89　박양규, 『인문학은 성경을 어떻게 만나는가』(샘솟는기쁨, 2021) pp. 22-25

면 천하보다 귀하다는 말은 교회의 양적 성장을 위한 도구에 불과할 뿐이
므로 한 인간에 대한 가치를 표현한 작품은 한 영혼의 가치를 구체적으로
드러낸 결과로 이해할 수 있다. 이렇게 정의한다면 인문학은 신앙교육의
콘텐츠로서 활용할 수 있다.

예를 들어 보자. 교회에서는 '하나님은 사랑이시다'라는 표현을 많이
사용한다. 그렇다면 어떻게 하는 것이 사랑을 구체적으로 표현하는 것일
까? 구체성이 없기 때문에 하나님이 사랑이라는 말은 전도지를 나눠 줄
때만 반복하는 표현일 뿐이다.

그런데 이 말을 인문학 콘텐츠를 통해 구체적으로 이해할 수 있다. 톨
스토이는 「사람은 무엇으로 사는가」는 요한일서의 '사랑'에서 영감을 받
았다고 밝히며, 작품 맨 앞에 요한일서 구절들을 기록했다. 그리고 「사람
은 무엇으로 사는가」에 대한 답으로 사랑을 제시한다.

이런 방식으로 교회교육 현장에 활용할 때 교회교육은 관념에 그치는
것이 아니라 풍성한 교육의 현장이 될 수 있다.

신앙교육에 인문학이 어떤 도움을 주는가

인문학 콘텐츠로 신앙교육을 시도하는 것의 장점들을 소개하면 다음
과 같다. 물론 모든 작품이 그렇다는 것은 아니지만 신앙교육에 효용이
되는 장점들을 꼽으면 이렇다.

• 성경을 구체적으로 표현한다.

- 맥락적으로 이해하는 것이 가능하다.
- 신앙의 설득이 가능하다.
- 다양한 소통이 가능하다.

신앙교육에 인문학이 주는 첫 번째 도움은 성경을 구체적으로 표현한다는 것이다. 신앙고백 첫 문장에서 '전능하사 천지를 만드신 하나님 아버지'를 예배 시간마다 암송한다. 그러나 창조가 우리의 삶에 어떤 의미를 주는지는 모른 채 관념으로만 알고 있는 경우가 있다. 이때 미켈란젤로의 〈아담의 창조〉[90]와 마르크 샤갈의 〈인간의 창조〉[91]를 살펴본다면 그 의미와 구체적인 적용을 발견하게 된다.

사도신경에서 재림을 고백하지만 우리 삶에 미치는 재림의 의미는 미미하다. 이때 미켈란젤로의 〈최후의 심판〉[92]을 보면 우리에게 주는 신앙의 의미를 회복하는 데 큰 도움이 된다. 관념적인 내용으로 가득 찬 성경의 내용을 맹목적으로 지시하거나 피상적으로 설명하기보다 구체적인 상황에서 각계각층의 사람들과 시공간을 초월해서 소통하는 교육이 될 것이다.

우리가 아이들에게 가르쳐야 할 하나님 나라는 '아담과 이브처럼 자신이 발가벗은 것도 모른 채 사후(死後)의 천국에서 보내는 것을 만족하고 바라는 것'이 결코 될 수 없다.[93] 우리 삶에 나타난 하나님 나라의 구체적

90   부록(QR코드 모음) 참조
91   부록(QR코드 모음) 참조
92   부록(QR코드 모음) 참조
93   칼 비테(2020), p.69.

인 적용을 가르쳐야 한다.

두 번째 도움은 맥락적인 이해가 가능하다는 점을 들 수 있다. 신앙적 의미를 내포하고 있는 작품들은 예술가들과 작가들이 오랜 기간 동안 성경을 깊이 묵상하고 적용해서 인간이 표현할 수 있는 가장 고상한 방식으로 구현해 낸 것이다. 그런 까닭에 시대를 초월해서 수많은 사람에게 공감을 얻을 수 있다. 그것을 우리는 '걸작(傑作)'이라고 부른다.

맥락적으로 이해할 수 있다는 의미는 우리가 살아가는 현실이라는 맥락에서 성경의 내용을 적용하는 데 인문학이 탁월하다는 것이다. 진정한 교육이란 다양한 맥락 속에서 무엇인가를 이해하는 것이다. 이런 정의만 생각해 보아도 그동안 학교나 교회에서 이루어진 교육이 얼마나 맥락 없이 관념으로만 접근했는지 되돌아보게 된다.

다양한 맥락 속에서 배움을 시도할 때에만 주도적인 판단과 사고력을 배양할 수 있다.[94] 무엇이 선인지, 무엇이 악인지 구별하는 것은 이야기의 맥락을 통해서 상상력을 발휘하며 습득할 수 있기 때문이다.[95]

따라서 맥락을 확실히 파악할 수 있는 아이들이야 말로 왜 성경 교육을 받아야 하는지 이해할 수 있다. 이런 교육을 구현하기 위한 교사들을 발굴해서 훈련하는 교사 세미나가 필요한 이유다.[96] 새로운 개념의 교사 대학이나 교사 세미나가 한국 교회의 주일학교에 요구된다.

세 번째는 신앙의 공감이 가능하다는 점이다. 대부분 신앙교육은 아

---

94   존 카우치, 제이슨 타운, p. 102.

95   칼 비테(2008), pp. 108-112.

96   존 카우치, 제이슨 타운, p. 236.

이들의 판단에 동의를 구하지도 않고 이것이 옳고 저것은 그르다는 도식으로 가르친다. 하지만 아이들은 머릿속에 설득이 될 때라야 교육적인 효과를 얻는다. 따라서 아이들이 맥락적으로 판단할 수 있을 때, 그 교육이 가치를 발휘할 수 있다.

칼 비테는 아이들에게 옳고 그름을 제시하기보다 이야기를 들려줌으로써 스스로 이해할 때 가장 강력한 교육의 효과가 나타날 수 있다고 말한다.[97] 세대간의 공감이란 이런 콘텐츠를 함께 접하는 것을 통해 활발히 일어나게 된다.

신앙교육에 인문학이 주는 네 번째 도움은 다양한 소통이 가능하다는 점이다. 같은 설교를 여러 세대가 함께 듣는다는 것은 만만치 않은 작업이다. 어른들이 반복해서 어린아이들의 설교만 듣는다면 유치함은 물론이고 전혀 도전이 되지 않는다. 아이들도 마찬가지다. 어른들을 대상으로 하는 설교가 딱딱하고 지루한 것을 넘어 아이들의 귀에 들어갈 리가 없다.

이런 까닭에 세대통합예배나 온가족예배가 처음에는 신선한 느낌을 주지만 오래 지속하는 것이 결코 쉽지 않다. 그러나 앞서 세대통합예배를 언급하며 말했듯이 성경에서 말하고자 하는 바를 인문학 콘텐츠를 사용해 풀어낸다면 세대를 아울러서 소통과 공감을 불러일으키는 것이 가능하다. 이런 부분은 이미 국민일보 기사에 실려 그 가치가 널리 알려진 바 있다.[98]

---

97   칼 비테(2017), p. 261-267.
98   김아영, "'미켈란젤로 선생님이다' 부산한 교회학교 예배가 순식간에 조용해졌다," 국민일보, 2018. 05. 21, http://www.mytwelve.co.kr/news/articleView.html?idxno=1983

설명 대신 설득할 수 있는 방법

주일학교에서 설명 대신 설득을 하기 위해서 인문학을 어떻게 사용할 수 있을까? 첫 번째 방법으로 아리스토텔레스의 '모방의 힘'을 이야기하고 싶다. 아리스토텔레스의 『시학(詩學)』은 지금까지도 문학과 예술에 큰 영향을 주는데 그가 말한 모방이란 베끼는 것이 아니다.

가령 비극을 접하면 많은 사람이 눈물을 흘리는데 이것을 감정의 배설이라고 하며, 다른 말로 감동(感動)이라고 한다. 즉 비극은 이야기의 한 부분을 표현한 것이지만 사람들이 감동을 받는 이유는 그 이야기를 자신들의 상황 속에서 다시 해석해 개인적으로 적용하기 때문이다.

이것을 가리켜 아리스토텔레스는 모방이라고 말한다. 감동을 받는다는 것은 그것이 우리의 삶에 재현된다는 말이다. 이런 과정이 있을 때 비로소 설득이 가능하다. 그렇다면 언제 모방이 가능할까? 성경을 주입하는 것이 아니라 성경을 고민하고 해석한 후에 표현한 작품들을 통해 비로소 우리에게 모방이 작용한다. 그럴 때 성경은 사실과 정보의 나열이 아니라 나와 개인적으로 연결되는 소통의 도구가 된다. 이런 모방의 과정을 통해 성경을 개인화할 수 있는 것이다.

'성만찬'을 교육한다고 가정해 보자. 교단마다 약간의 차이는 있지만 세례나 입교를 받으면 성만찬에 참여할 수 있다. 이것은 예수 그리스도의 십자가를 기념한 것이라는 설명 외에 특별한 교육을 받는 경우는 거의 없다. 구체적인 교육이 없으므로 삶 속으로의 적용이나 모방은 이루어지지 않는다. 그래서 우리는 성만찬을 교회에서 행하는 특정한 행사 정도로 이해한다.

만일 성만찬을 모방으로 제시할 수 있다면 감동의 크기도 다를 것이며 생활 속에서 적용도 가능할 것이다. 피테르 브뢰헬의 그림 〈농민의 결혼식〉[99]을 통해 성찬을 배운다고 생각해 보자. 성찬은 교리에 머무는 것이 아니라 삶 속에서 발휘하는 삶의 예배가 된다.

설명 대신 설득을 하기 위한 두 번째 방법은 상상력을 발휘하는 것이다. 아인슈타인이 가장 중요하게 생각한 것이 있다면 바로 '상상력'이다.[100] 모든 인간의 진보와 발전은 상상력을 통해 이루어져 왔다. 칼 비테 역시 아이들의 교육에서 상상력을 가장 중요한 가치로 평가했다.

우리는 미래를 자주 말하지만 미래를 볼 수 있는 방법은 상상력을 통해서라야 가능하다. 그런 의미에서 미래를 보지 못하는 아이들은 불행하다. 상상력이 없다는 것은 우리의 현실을 구체화시킬 수 없다. 아무리 재능과 지능이 있더라도 그것을 활용할 수 있는 시각도 없다는 말이다.[101]

단답식과 암기 교육에 익숙해진 아이들에게 이야기를 통한 신앙교육은 아이들의 삶에 비추어 봤을 때 가뭄에 단비와 같은 역할을 할 것이다. 게임과 스마트폰이 일상이 된 아이들에게는 어쩌면 상상력을 제공해 주는 유일한 교육일지도 모른다. 인문학적인 도구를 이용해서 그림을 보고, 작품을 듣고, 상상을 할 수 있도록 하는 모든 것이 아이들에게는 상상력을 키우고 발휘하는 순간이 된다.

인문학은 또한 사고력을 키우는 수단으로서 설득을 가능하게 한다.

---

99   부록(QR코드 모음) 참조
100   켄 로빈슨, 루 애로니카(2016), pp. 91-94.
101   칼 비테(2017), pp. 82-83.

20세기에 가장 큰 영향력을 미친 철학자로 꼽히는 비트겐슈타인(Ludwig Josef Johann Wittgenstein)은 생각의 폭은 언어의 영역만큼 확장되고, 명확해진다고 말했다. 그래서 그를 언어철학자라고 불렀다.

칼 비테 역시 생각의 폭을 넓히는 가장 좋은 수단은 언어라고 말했다.[102] 단어란 문맥에서 활용을 하지 못한다면 우리의 자산이 될 수 없다. 아마 영어 단어를 단어장에 써서 외웠던 세대라면 충분히 경험했으리라 생각된다. 분명 외웠던 단어인데도 돌아서면 잊히지 않았던가.

맥락적 사고가 그만큼 중요하다. 마찬가지로 아이들의 어휘와 상상력을 늘릴 수 있는 방법은 이야기를 통한 교육이다. 책을 읽는 것만큼 언어를 배우는 좋은 방법은 없고, 상상력을 늘리는 도구도 없기 때문이다.

설명 대신 설득을 하기 위한 사고력의 완성은 '쓰기'이다. 사고력은 글을 쓰는 순간 시작된다. 이야기를 통해 뇌를 자극하여 오래도록 기억에 남길 수 있고, 논리력과 창의력을 배가시킬 수 있다.

이것을 실현하는 직접적인 방법에 대해 헤밍웨이는 이야기를 통해 글로 표현하면 피상적으로 알았던 것들이 사라지고 명확하게 이해할 수 있다고 말했다.[103] 따라서 모든 독서와 학습의 마무리는 글을 쓰는 것이 완성이다.[104]

102   칼 비테(2017), pp. 96-98.
103   제레드 쿠니 호바스/ 김나연 역, 『사람은 어떻게 생각하고 배우고 기억하는가』(토네이도, 2020) pp. 307-337.
104   김종원, 『하루 한마디 인문학 질문의 기적』(다산북스, 2020), p. 219.

생각의 차이가 결과의 차이를 만든다

수많은 사람이 나무에서 사과가 떨어지는 것을 목격하고, 모든 사람은 아침에 눈을 뜨면 태양이 지구 주위를 도는 것을 경험한다. 그런 현상에 문제를 제기하지 않아도 아무런 불편 없이 살아간다. 그러나 생각과 시각을 바꾸었을 때 만유인력의 법칙이 과학의 세계를 바꾸었고, 지동설은 세상 모든 사람의 세계관을 바꿨다.

교회교육은 위기를 맞이하고 있고, 새로운 돌파구를 모색하고 있다. 그러나 등잔 밑이 어둡다는 말처럼 수백 년간 성경을 표현해 왔던 교육의 도구들을 교회는 인본주의라는 말로 무시해 왔다.

그러는 사이에 세상에서는 인문학 열풍이 불었고, 방송들은 앞 다투어 이 콘텐츠를 점령해 들어갔다. 그렇지만 인문학은 태생 자체가 교회에서 가르치기 최적화된 콘텐츠이며, 그 특징 자체가 교회에서 교육해야 탁월한 적용점을 가질 수 있다.

늦었다고 생각할 때가 가장 빠른 순간이다. 지금이라도 이 콘텐츠를 활용해서 아이들을 위한 교육의 도구로 활용하고, 더 풍성한 삶을 누릴 수 있도록 교회가 앞장서서 고민해야 한다. 생각을 바꾸면 결과를 바꿀 수 있다.

11

복음을 정확하게 가르치자

이미 20년 전부터 다음 세대는 주일학교를 떠나기 시작했다. 아이들을 둘러싼 외부의 환경 탓도 있겠지만 더 큰 요인은 내부에 있다. 그중에서도 교사들의 열정, 주일학교 예산과 같은 문제보다 더 시급한 것은 주일학교에서 정확한 복음을 가르치고 있는가 하는 문제를 지적할 수 있다.

교회는 하나님의 말씀을 가르치는 곳이다. 그러나 교회에서 복음을 정확하게 가르치고 있는지를 자문해 보면 긍정적인 답을 기대하기 어렵다. 아이들은 복음을 어떻게 인식하고 있을까? 전도 축제를 떠올려 보면 아이들에게 복음이란 값비싼 간식인지, 혹은 초청된 연예인을 직접 보는 것은 아닐지 혼돈된다.

적어도 주일학교라면 아이들에게 정확한 구원의 확신을 가르칠 수 있어야 한다. 이것은 예산과 구조와 환경을 탓하기 이전에 주일학교의 기본 중의 기본에 해당된다. 한 아이에게 복음을 정확하게 가르칠 수 없다면 다른 환경으로 개선이 된다고 하더라도 그 주일학교는 본질적이라고 말하기 어렵다.

복음을 제시하고 있는가?

초대교회가 제시하는 특징이 있다. 313년에 밀라노 칙령으로 기독교가 공인되기 전까지 교회가 세상을 설득할 수 있었던 유일한 방법은 전도지를 돌리거나 전도 축제 같은 방식이 아니었다.

가장 교회답고, 가장 그리스도인답게 정체성을 유지했던 것만큼 세상을 압도하는 설득력은 없었다.[105] 이 말을 다시 표현하자면 교회는 양적 성장을 위해 노력할 때가 아니라 본질에 집중할 때 양적인 성장은 자연스럽게 따라온다는 말이다.

이런 역사의 교훈은 우리에게 본질을 고민하게 한다. 과연 우리는 복음을 중심으로 부서가 운영되고 있으며, 복음을 주일학교에서 정확하게 가르치고 있는가. 본질을 회복하지 못하고 양적인 성장을 도모하다 보니 비본질적인 요소가 주일학교를 뒤덮고 있는 것은 아니었던가.

엄청난 예산을 세워서 아이들의 용돈으로는 접근할 수도 없는 음식이나 경품을 내걸기도 하고, 심지어 기독교인인 연예인들을 초청해 간증 집회를 하며 사람들을 모으기도 한다. 이런 현상들 속에서 정확한 복음이

105　최주훈, 『예배란 무엇인가』(비아토르, 2021) pp. 86-87

아이들의 영혼을 변화시키고 있는지 의문을 갖게 된다.

우스갯소리지만 진짜 양적인 성장을 하고 싶다면 많은 예산으로 경품, 간식, 초대권, 연예인에 투자하기보다 '일당(日當)'을 사용해 보라. 아마 구름떼처럼 몰려들 것이다. 일당을 준다고 하니 반발심이 생길 독자들이 있을지 모르겠다. 당연하다. 그럴 경우 교회에 오는 동기가 돈 때문이지 복음은 아니기 때문이다.

그렇다면 경품과 연예인을 동원하는 것도 사실상 같은 동기에서 비롯된 것이다. 교회의 출발은 복음이고, 예배의 구심점도 복음이다. 그게 교회 머리인 예수 그리스도의 몸된 정체성이다. 만일 교회가 다른 것을 도모한다면 79쪽에서 윌리엄 부스가 말한 예언이 지금 우리 부서에서 일어나는 중일지 모른다.

다시 묻는다. 주일학교 아이들은 복음을 어떻게 인식하고 있는가? 정말 아이들에게 구원의 확신이 있는가? 내가 만난 아이들은 구원을 이렇게 생각했다.

• 구원 = 교회 출석

표현은 구원이라고 말하지만 머릿속으로 이해하는 내용은 교회에 출석하는 것 그 이상도 그 이하도 아니다. 엄밀히 말해서 교회에 나온다고 모든 아이가 구원을 받는 것은 아닐 텐데 말이다.

구원이란 하나님께서 십자가에서 그리스도를 통해 우리에게 이루신 사랑을 믿는 것이다. 그렇다면 왜 하나님은 십자가를 계획하셔야 했으며, 그리스도를 이 세상에 보내야 했고, 우리는 왜 구원이 필요한가. 이런 내용을 알고, 믿는 것이 구원이다. 그러므로 구원은 확실한 것이며, 정확하게 가르쳐야 한다. 과연 우리는 아이들에게 정확한 구원의 확신을 가르치고 있는가?

구원의 확신이란?

주일학교에서 아이들에게 물려줄 수 있는 가장 중요한 것은 구원의 확신이다. 우리가 구원을 받았고, 하나님의 자녀가 되었다고 믿고 인식하는 것은 그리스도인이 되는 가장 기본적인 과정이다.

혹자는 구원을 교회 출석과 동시에 얻는 것으로 착각하기도 한다. 하지만 구원과 교회 출석을 동일하게 볼 수는 없다. 구원에 대한 믿음은 정확한 성경의 근거를 믿는 것이다. 그 믿음에는 여러 내용이 포함되어 있다. 다음 성경 구절을 보자.

> "하나님이 세상을 이처럼 사랑하사 독생자를 주셨으니 이는 그를 믿는 자마다 멸망하지 않고 영생을 얻게 하려 하심이라"(요 3:16)

교회 역사에서 가장 많이 인용된 구절 중 하나이다. 이 구절은 위대하고, 놀라운 내용이 담겨 있다. 그러나 교회는 이 구절 속의 엄청난 내용을 가르치는 것이 아니라 암송을 시키는 것에 급급한 경우가 많다. 이 구절을 이해하지 않고 암송하면 영생을 얻게 되는 것일까? 이 구절 속에 포함된 내용을 쪼개어 구체적으로 살펴보자.

하나님의 형상	왜 하나님은 세상을 사랑하셨을까?
자유 의지	왜 인간은 멸망할 수밖에 없는가?
성육신(동정녀 탄생)	왜 하나님은 독생자를 주실 수밖에 없었는가?
칭의(속죄)	어떻게 영생을 얻을 수 있는가?

이런 요소들이 이해되고 믿어질 때 비로소 믿음이라고 할 수 있고, 그럴 때 믿음이 확증될 때, 구원의 확신을 가졌다고 말한다. 위의 네 가지 항목이 왜 그런지 자신 있게 설명할 수 있는가?

전도할 때 자주 사용했던 사영리는 이런 단계로 이루어져 있고, 한국 교회의 성장에 견인차 역할을 했다. 그러나 현재 사영리가 예전처럼 큰 효과를 발휘하지 못하는 이유는 이 내용을 일방적으로 주입했기 때문이다.

이것이 처음 한국에서 실행되었던 30-40년 전은 '선포한다'는 생각으로 누구에게나 가서 사영리를 주입하는 방식의 전도가 이루어졌다. 그러나 시대가 많이 달라졌고, 낯선 사람의 접근을 극도로 경계하는 사회적 분위기가 형성되었다. 게다가 팬데믹이 가져온 비대면 시대가 아닌가!

그뿐이 아니다. 다짜고짜 이런 식으로 접근하는 이단들도 너무 많다. 심지어 대학교나 지하철에서 이런 방식의 전도를 이제는 허용하지 않는다. 시대가 변했음을 말해 주는 현상이다. 시대가 변했다면 본질을 담는 방식도 바뀌어야 하지 않을까.

『동화 속 성경 이야기』로 설명하는 구원의 확신

10년 넘게 교회교육 현장에 있으면서 성경학교나 캠프, 혹은 단기 선교를 갈 때 복음을 제시할 콘텐츠가 없어서 늘 고민했던 기억이 떠오른다. 궁여지책으로 무엇인가를 준비하지만 공연 형태에 불과했던 경우도 있고, 봉사를 하거나 사람들과 어울리는 활동들도 선교라는 이름으로 행한 것이 대부분이다.

요셉이나 다윗을 주인공 삼아 성경 이야기를 전하기도 하지만 이 이야기가 구원을 제시하는 것은 아니다. 그러던 중에 요한복음 3장 16절을 아이들의 눈높이에서 오랫동안 고민하면서 만든 콘텐츠가 『동화 속 성경 이야기』[106]이다.

$\leftarrow$
동화 속 성경 이야기

[106]　부록(QR코드 모음) 참조

구원의 4단계를 4개 그림과 4개 이야기를 통해 설명하는 방식이다. 하나님 형상, 자유 의지, 성육신, 칭의(속죄)를 설명하기 위해 그림과 문학이라는 인문학 콘텐츠를 이용한 방식으로 제시한 교재다. 종전까지 아이들을 위해 글 없는 그림책으로 복음을 제시했던 것처럼 4개 그림으로 4개 항목을 접해 보자.

그림 없이 색깔로도 복음을 설명할 수 있지만 오랜 기간 동안 묵상을 하고 표현한 작가들의 신앙이 담긴 그림을 통해서 복음을 제시한다면 더 큰 감동과 이해를 하도록 인도할 수 있다.

다음 240쪽 그림은 시스티나 성당 천장에 있는 9개의 천지창조 그림 중 가장 유명한 〈아담의 창조〉이다. 미켈란젤로는 하나님과 사람이 닮았음을 강조하기 위해 하나님을 사람과 꼭 같은 모습의 노인으로 표현했다.

이 부분을 통해 아이들과 하나님이 자신의 형상을 따라 사람을 지으셨음에 대해 이야기해 볼 수 있다. 영이신 하나님은 눈으로 보이지 않는데 어째서 하나님을 닮았다는 것인지 아이들은 충분히 궁금해할 수 있는 부분이다. 덕분에 외적인 부분을 떠나 우리에게 하나님의 마음을 심어 주셨다는 점에서 우리가 하나님의 형상을 닮았다는 것을 어려움 없이 설명하는 것이 가능해진다.

또한 이것과 연관 지어 하나님이 인간을 왜 창조하셨는지, 그리고 하나님이 세상을 이처럼 사랑하셨던 이유는 무엇인지를 통합적으로 이해할 수 있다. 이제 다음 그림을 보자.

뭉크는 무척 어려운 환경에서 자라났다. 그가 어릴 적 엄마와 누나는

미켈란젤로의 〈아담의 창조〉[107]

⟶
에드바르 뭉크의 〈절규〉[108]

예술 작품들은 교회교육을 위한 목적으로 만들어졌다. 그 후로도 수많은 기독교 작가들이
자신의 신앙을 표현한 것이 예술 작품이다. 그러므로 개신교 목사 칼 비테의 말처럼 예술
은 교회교육의 블루오션이다.

결핵으로 세상을 떠났다. 그래서였을까? 뭉크의 그림에는 슬픔의 감정이 늘 따라다녔다. 그런 그의 그림 중 가장 유명한 그림이 바로 〈절규〉이다.

그림 속 주인공은 두 손으로 귀를 막고 있다. 주인공의 뒤로 오는 두 사람이 보이지만 그리 가까워 보이지는 않는다. 그림 속 하늘과 강물도 평범하지 않은 어지러운 모습이다. 아이들과 이 그림을 보며 이렇게 질문할 수 있다. "하나님은 우리를 하나님의 형상대로 만드셨다는데 왜 세상에는 슬픔과 아픔, 고통이 있는 걸까?"

교사가 먼저 이 질문에 대한 이해가 되었다면 이제 아이들에게 죄 때문에 그렇다는 설명을 할 수 있다. 또 이어서 불행한 인간에게 정말 필요한 것이 무엇인가에 대해 자연스럽게 교육할 수 있다. 바로 독생자, 예수 그리스도다. 그리스도는 왜 이 세상에 오셔야 했을까? 이 부분은 옆의 그림으로 이해할 수 있다.

살바도르 달리는 하늘에서 내려다 본 십자가의 모습을 그렸다. 과연 달리는 왜 이런 시각에서 십자가를 그린 걸까? 십자가를 따라 시선을 아래로 향하면 호수와 고깃배가 보인다. 아마도 요한이 고기를 잡던 갈릴리 호수라고 생각해 볼 수 있다.

다시 생각하면 달리가 그린 십자가는 호수에서 하늘까지 잇는 것 같아 보인다. 사영리 교재에서 하나님과 인간 사이를 이어 주는 그림과 같은 의미를 지니고 있다. 앞서 뭉크의 그림을 통해 죄에 대해 인식했다면 이 그림을 통해 죄에서 벗어날 수 있는 길은 바로 그리스도의 십자가의 길임을 깨닫게 된다.

그림을 보고 이야기를 나누면서 왜 그리스도께서 이 세상에 오셔야만

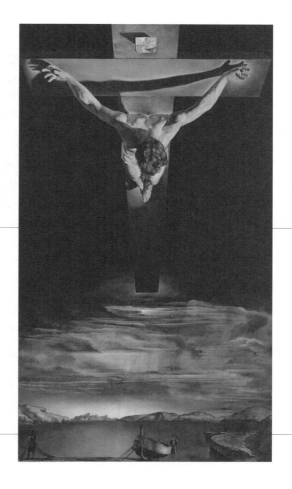

→
살바도르 달리의 〈성 요한의 십자가의 그리스도〉[109]

부록(QR코드 모음) 참조

했는지를 나눌 수 있다. 그렇다면 그 다음은 그리스도는 우리에게 어떤 분일까에 대한 부분인데 그것은 앞서 제시한 빈센트 반 고흐의 〈별이 빛나는 밤에〉를 통해 이어 갈 수 있다.

이렇게 4개의 그림을 통해 "하나님이 세상을 이처럼 사랑하사 독생자를 주셨으니 이는 그를 믿는 자마다 멸망하지 않고 영생을 얻게 하려 하심이라"(요 3:16)는 말씀이 어떻게 다가오는가? 이 4개의 그림이 이해가 되고 아이들에게 설명할 수 있다면 바로 '글 없는 그림책'이 될 것이다. 그림을 통한 이해와 설명이 부족하다면 아직 우리가 충분히 숙지되지 않았기 때문이다. 좀 더 자세한 개념을 스토리텔링으로 잡아 보도록 하자.

『동화 속 성경 이야기』는 4개의 성경적 개념을 4개의 이야기를 통해 설명한다. 다시 말해서 먼저 신학적 개념을 접하는 것이 아니라 이야기를 통해서 개념을 잡고, 성경을 통해서 그 개념을 확인하는 방식이므로 아이들이 자신의 언어와 눈높이에서 이해할 수 있다는 것을 현장에서 확인했다.[110] 네 작품을 설명하기 위해서 다음과 같은 연구를 거쳤다.

- 4개의 성경적인 개념을 확실하게 정의했다.
- 이 개념을 설명하기에 가장 적절한 이야기들을 선정했다.
- 해당 이야기를 썼던 작가들 역시 이런 내용을 고민했는지 그들의 생애를 조사했다.
- 성경의 개념을 그림과 이야기로 배열을 해서 복음을 제시했다.

110　부록(QR코드 모음) 참조

이런 네 단계의 힘겨운 과정들을 통해 성경 교육을 위한 개념으로 분류했고, 그것과 연관되는 콘텐츠를 통해 집필하여 복음을 제시하는 교재를 만들었다. 하나님 형상, 자유 의지, 성육신을 설명하는 이야기들은 사영리 전도 방법과 비교해 보면 확연한 차이를 느끼게 된다.[111][112][113] 사영리를 듣고 일단 '아멘'을 하라는 말에 이해도 되지 않는 상태에서 아멘을 외치고는 얼떨떨했던 기분과는 사뭇 다르다. 이미 이야기로 충분한 이해가 된 상태이기 때문이다.

가장 중요한 네 번째 단계인 '칭의'를 설명해 보자. 이것은 하나님이 인간을 의(義)롭다고 칭(稱)하신 것을 말하며, 이를 통해서 그리스도께서는 속죄를 이루셨고, 인간은 죄의 용서를 받았다. 그렇다면 인간은 어떻게 영생에 이를 수 있을까?

칭의라는 주제는 신학교에서도 아주 깊이 배워야 하는 개념이다. 이것을 설명하기 위해서 모든 교사가 신학교를 가거나 신학 교육을 받아야 하는 것은 아니다. 이것은 신학의 문제가 아니라 방법의 문제이다.

• 하나님이 우리를 의롭다고 선언하신 것을 어떻게 설명할 것인가?

다른 내용들은 차치하고 이제 복음의 진수로 들어가 보자. 믿음으로 의롭게 된다는 것은 종교 개혁이 바꾼 세상이다. '오직 의인은 믿음으로 말미암아 산다'는 가르침이 구교와 신교를 분리한 것이다. 이렇게 역사에

---

111   부록(QR코드 모음) 참조
112   부록(QR코드 모음) 참조
113   부록(QR코드 모음) 참조

서도 중요한 내용을 우리는 아이들에게 어떻게 설명했는가?

중요하다는 것은 이해하지만 설명하는 것을 막막하게 여겼다면 이렇게 접근해 보자. 앞서 미취학 아동을 위한 교회교육에서 짤막하게 소개한 바 있는 내용으로 빅토르 위고의『레미제라블』중 한 장면을 인용해서 청의를 설명하는 것이다.[114]

프랑스에 장발장이라는 사람이 살았다. 그는 몹시 가난했고, 가족들이 굶고 있었기 때문에 그만 빵을 훔치고 말았다. 그는 빵을 훔쳤다는 이유로 감옥에서 무려 19년을 보내게 되었다. 19년이 지난 장발장에게 노란색 신분증과 함께 가석방이 허락되었다.

그러나 죄수로 19년간 감옥에 있었던 사람에게 어느 누구도 잠자리와 음식을 제공하려고 하지 않았다. 마침 그를 맞이한 인물은 미리엘 신부였다. 그는 장발장의 신분과 외모, 소유에 대한 것을 고려하지 않고 자신의 집으로 맞이했다. 그에게 넉넉한 저녁 식사를 제공해 주었고, 안락한 잠자리를 허락했다. 장발장에게는 19년 만에 처음 느껴보는 따뜻함이었다. 그러나 새벽에 잠에서 깬 장발장은 지난 19년의 세월 너무 억울해서 견딜 수가 없었다. 어떤 방법으로든 그 시간을 보상받고 싶었다. 그래서 저녁 식사 때 보아 둔 은식기와 은쟁반을 모조리 훔쳐서 달아났다.

그러나 이튿날 장발장은 경찰에 체포되어 미리엘 신부 앞으로 끌려 왔다. 장발장을 수상하게 여기던 경찰이 그를 검문했고, 그의 소지품 속에 은쟁반과 은식기가 잔뜩 들어있었던 것이다. 장발장은 미리엘 신부로부

114　부록(QR코드 모음) 참조

터 선물 받을 것이라고 둘러댔지만 경찰은 도저히 믿을 수 없어서 그를 미리엘 신부에게 끌고 온 것이었다.

그때 미리엘 신부는 장발장에게 화를 냈다. "왜 내 성의를 무시합니까? 내가 은촛대까지 다 가져가라고 했는데, 왜 은쟁반과 은식기만 가져갔습니까? 어서 은촛대까지 가져가세요." 장발장을 체포해 온 경찰은 이 광경을 보며 도저히 믿을 수 없었다. 신부가 정말 장발장에게 준 것이라니.

여기까지 스토리텔링을 들려준 후 아이들에게 핵심 질문을 던진다.

"여러분 은촛대까지 받아서 나가는 장발장을 경찰은 다시 한번 체포할 수 있을까요?"

이 질문을 던질 때 아이들의 눈빛이 반짝반짝 빛나는 것을 누구나 경험할 수 있다. 지금까지 주입식 암기 교육만 받던 아이들이 스스로 생각하고 판단할 때 얼마나 지혜로워질 수 있는지 교회에서 직접 확인을 해야 그런 방식의 교육을 지속적으로 감당할 수 있다.

독자들에게 같은 질문을 던진다.

"은촛대까지 받아서 나가는 장발장을 경찰은 한 번 더 체포할 수 있을까?"

이 질문에 대해 어떻게 답변을 하겠는가? 지금까지 가르쳤던 아이들 중 단 한 명도 체포할 수 있다고 대답하는 아이들은 없었다. 심지어 유치원 아이들조차도 명확하게 이 질문에 답을 했다. 칭의의 개념을 유치원 아이들도 이해하는 감격적인 순간이다.

은촛대까지 받은 장발장은 한 번 더 체포당할 수 없다. 신부가 그를 용서했기 때문에 경찰에게는 체포할 권리가 사라지는 것이다. 우리가 경

찰이었다면 장발장이 은쟁반과 은식기를 받았다는 것을 어떻게 곧이곧
대로 믿을 수 있겠는가? 장발장은 훔쳤고, 주교는 은촛대까지 제공했다
는 사실은 누구라도 알 수 있다. 그러나 확실한 것은 이것이다.

• 장발장은 결코 처벌(정죄)을 받지 않는다.

이것이 칭의의 핵심이다. 장발장은 죄를 지었으나 법적으로 처벌이나
정죄를 받을 수 없게 된 것이다. 칭의도 마찬가지다. 우리는 죄인이며, 여
전히 죄를 짓고 있지만 그리스도의 십자가를 통해 결코 처벌을 받지 않는
'법적인 상태'가 된 것이다.

하나님은 우리를 십자가의 은혜로 용서해 주셨기 때문에 마귀가 아무
리 우리를 정죄하고 참소한다고 하더라도 우리는 법적으로 의인이 된 상
태라고 말하는 것이 칭의이다.

어떤가? 너무 간단하고 명확하지 않은가? 우리는 칭의의 문제를 이해
하려고 신학교에 가서 복잡한 신학적인 내용 속에 매몰될 필요도 없고,
신학적인 용어를 써서 아이들을 주눅 들게 만들 필요도 없다. 스토리텔링
을 통해 구조를 이해하고 그 위에 성경의 내용을 표현하면서 심오한 교리
를 각인시키는 것이다.

따라서 하나님 형상, 자유 의지, 성육신과 동정녀 탄생, 그리고 칭의를
4개의 이야기를 통해 아이들에게 교육해 보면 어떨까? 이것을 캠프나 성
경학교를 통해 시도해도 되고, 새가족반에서 새로 나오는 아이들에게 제
시하는 방법으로도 탁월한 효과를 거둘 수 있다.

백문이 불여일견이다. 직접 아이들에게 시도해 보고, 아이들의 고백

을 들어보라. 그러면 교육을 어떻게 해야 하는지 확실히 감을 잡을 수 있을 것이다. 이 내용은 그 효용성을 인정받아 현재 영어, 중국어, 일본어, 프랑스어로 번역 중이다.

12

교회의 정체성을 회복하자

초대교회는 양적 성장을 하기보다 본질을 통한 그리스도인의 정체성을 확실히 세웠고, 그 정체성에서 오는 그리스도인의 인식은 교회가 사회에 주는 가장 강력한 능력이었다. 이 장에서는 이 원리를 바탕으로 주일학교가 어떻게 전략적으로 체계를 만들어 나갈 수 있을지 고민해 보고자 한다.

예배를 회복하기 위해서는 은혜에서 출발해야 한다. 예배는 하나님이 주체가 되는 행위이고, 그의 은혜로 인간을 초대하는 현장이다. 따라서 복음을 정확하게 제시하는 것을 교회교육의 기본으로 삼아야 한다.

팬데믹 이후 교회는 모태 신앙의 가정에서 출석하는 아이들의 비중이 월등히 높아졌다. 그렇다면 교회 내 성도들의 가정에서 출석하는 소위 모태 신앙인 아이들부터 그리스도인으로 바꾸는 작업을 시도해야 한다.

초대교회처럼 주일학교가 양적으로 팽창하려고 하기보다 먼저 공동체가 복음으로 회복되는 것에 주력한다면 그것이 양적으로 성장할 수 있는 본질적인 힘으로 작용할 수 있다. 어떻게 교회의 주축이 되는 모태신자 아이들부터 공략해서 공동체를 견고히 할 수 있을까?

예수님을 체계적으로 가르치자

아이들은 주일학교를 통해 예수님의 이야기를 자주 들었고, 교재 속 이미지나 이모티콘 같은 것을 통해 예수님의 이미지에 익숙하다. 하지만 거기에서 그치지 말고 구체적으로 예수님이 우리에게 어떤 의미를 주는지 체계적으로 배울 필요가 있다.

예수님을 배워감으로써 아이들의 모습 속에 그리스도의 형상이 이루어질 수 있도록 가르치는 것은 교회교육의 기초를 이루는 중요한 과제이다. 이를 위해 『구원으로 가는 9개의 이야기 계단』[115] 교재는 무척 효과적이다.

해당 교재에서 아이들이 접하는 작가들 중 대부분은 모태 신앙을 가졌던 작가들이다. 이 작가들의 어린 시절, 신앙을 접했던 과정, 부모와의 갈등, 그리고 작가들이 썼던 대표적인 작품들을 아홉 개의 단계로 준비했다. 예수님을 알아 가는 공과공부를 할 수 있는 콘텐츠가 마련된 것이다.

9주 동안 9명의 작가들을 접하면서 그리스도의 형상을 닮아 가는 교육

115　부록(QR코드 모음) 참조

← 구원으로 가는 9개의 이야기 계단

을 하면 어떨까? 해당 교재에서 다루는 9명의 작가와 작품은 다음과 같다.

진도	작가	작품명
1과	생텍쥐페리	어린왕자
2과	마테를링크	파랑새
3과	헤르만 헤세	나비(공작 나방)
4과	스티븐슨	지킬 박사와 하이드
5과	찰스 디킨스	크리스마스 캐럴
6과	안데르센	어머니 이야기
7과	오스카 와일드	행복한 왕자
8과	권정생	강아지 똥
9과	요한나 슈피리	하이디

이렇게 작가와 작품, 그리고 그 속에 담긴 예수님의 이야기를 접하는 동안 예수님에 대한 신앙을 회복할 수 있을 것이다. 아울러 9개의 이야기들과 함께 16세기에 루터의 종교 개혁을 누구보다 열심히 받아들였던 화가 피테르 브뢰헬은 9개의 그림으로 예수님을 제시하고 있다.

즉 예수님에 대한 신앙을 브뢰헬의 그림을 통해 교리의 개념을 소개하고 있으므로 아이들이 그림과 이야기를 통해 예수님을 알아 갈 수 있는 콘텐츠이다.

교리를 체계적으로 가르치자

체계적으로 신앙을 배워 나가기에 가장 좋은 콘텐츠는 교리 교육이다. 교리란 우리가 믿는 내용을 체계적으로 정리한 것을 말한다. 앞서 언급했듯이 웨스트민스터 소요리문답, 하이델베르크 신앙고백, 루터의 소교리문답 같은 내용들은 핍박과 박해의 시기에 교회교육의 도구로 활용되었고, 교회를 체계적으로 세워 나갔던 콘텐츠들이다. 따라서 교리를 다음과 같이 말할 수 있다.

• 교리 = 믿음을 언어로 표현한 것

암송이나 주입식으로 접한 내용에 익숙했기에 이런 교리들을 체계적으로 배우지는 못했을 것이다. 어쩌면 입교나 세례를 받기 위해 교리문답을 하는 것이 유일한 교리 공부일 수도 있다. 그러나 하나님은 번제보다 하나님을 아는 것을 원하신다는 사실을 기억하자(호 6:6).

교리는 한 집단의 행동 수칙이나 정관이 아니다. 교리는 참된 그리스도인이 되게 하는 중요한 교육이다. 왜 교리를 교육해야 하는가를 살펴봤다면 교리 교육을 어떻게 해야 할지도 살펴보자.

지금부터 30초 정도 사도신경을 떠올려 보자. 사도신경이라면 예배를 드릴 때 가장 익숙한 내용일 것이다. 그러나 그 사도신경의 신앙고백이 생활 속에서도 적용되고 확장되는가? 이 부분을 생각을 했을 때, 전혀 그 부분이 떠오르지 않았다면 그것은 사도신경의 문제가 아니라 암기만 했던 교육의 문제다.

『사람은 어떻게 생각하고 배우고 기억하는가』에서는 어떻게 하나의 정보가 효과를 발휘할 수 있는지 설명하는데, 정보 그 자체로는 의미가 없다고 한다. 2+2가 4라는 정보는 그 자체로 아무런 적용을 할 수 없기 때문이다. 따라서 맥락 안에서 그것을 적용할 것을 제안한다.[116] 이것이 학습 전이다.

와 닿지 않은가? 사도신경의 정보가 다른 분야에서도 적용이 가능하다면 그것이야말로 신앙교육이 교회 안에 국한되는 것이 아니라 아이들의 삶에도 영향을 미칠 수 있다는 뜻이기 때문이다. 이것이 교리 교육이 바라보는 방향인 것이다.

교리 교육의 목표는 아이들의 '삶의 맥락'에서도 적용할 수 있도록 하는 것이다. 사도신경이 삶의 맥락에 적용되는가? 그렇지 못한 것은 사도

116　제레드 쿠니 호바스, p.135.

신경은 우리의 뇌 속에 기호로만 존재하기 때문이다. 뇌 과학자에 의하면 기억에는 3단계가 있는데, 암호화-기억-회수라는 3단계를 거칠 때 기억으로서의 가치가 생긴다.[117]

이것을 참고한다면 우리가 가지는 교육의 한계가 어디에서 결함이 있는지 볼 수 있다. 바로 회수의 과정을 거치지 못했기 때문이다. 교회교육에서는 인풋(Input)만 있을 뿐, 아웃풋(Output)을 교육해 보지 않았다.

그럼 회수, 즉 아웃풋은 어떻게 가능할까? 정보를 회수하는 방법은 '개념-기억-회수'로 이루어진다.[118] 개념은 이해를 말한다. 이것을 좀 더 쉽게 설명하자면 이렇다.

- 개념 : 오늘 배운 내용을 '한 문장'으로 요약해 보자.
- 기억 : 한 문장으로 요약한 이미지가 있는가?
- 회수 : 아이들의 언어로 표현이 가능한가?

이런 과정으로 교육은 회수할 수 있다. 거창한 교육학 전공자들의 수준을 요구하는 것이 아니고, 신학자들의 신학 지식을 요구하는 것도 아니다. 교육의 방법을 이해한다면 누구나 해 볼 수 있는 부분이다.

'십계명 중 제2계명은 무엇인가?' 하고 묻는다면 교육이 이루어지지 않는다. 이 질문은 단순 암기만 요구하기 때문이다. '제2계명은 우리에게 구체적으로 어떤 의미가 있는가?'로 질문을 바꾸어 보자. 이 질문을 접한

<hr />

117 앞의 책, pp. 241-275
118 존 카우치, 제이슨 타운 (2020), pp. 99-115

다면 머리가 멍해질 수도 있다. 이런 교육을 받아보지 않았기 때문이다.

그럼에도 이렇게 생각하는 교육을 아이들에게 가르칠 것을 권한다. 앞에서 말했듯이 『특강, 소요리 문답』이나 『청소년을 위한 하이델베르크 교리문답』 같은 교재도 현재 학교에서 사용되고 있다. 또한 다음 내용을 보면서 교리를 가르칠 수도 있을 것이다.

아이들에게는 문제 해결 능력이 있다

이제 우리는 아이들을 믿어야 한다. 아이들에게는 타고난 문제 해결 능력이 있기 때문이다. 아이들의 능력을 믿어야 하는 아주 유명한 이야기가 있다. 똑같은 문제를 내 주고난 후 유치원생, 경영대학원, 로스쿨 집단을 통해 문제를 해결하도록 했다.

가장 탁월한 성과를 거둔 집단은 당연히 유치원생들이었고, 가장 해결하지 못한 집단은 경영대학원 그룹이었다. 그 속에는 그룹의 리더들이 있었고, 최고 경영자들이 포함되었지만 타인의 시선과 평판 때문에 접근할 수 없었다.[119]

지금부터 우리는 아이들로 하여금 그것을 구체적으로 표현할 수 있는 장을 마련해 보기로 하자.[120] 교육학자 켄 로빈슨(Ken Robinson)은 획일적인 지능에 대해 회의적이다. 뿐만 아니라 획일적인 주입식에는 회의적인

119   대니얼 코일/ 박지훈 역, 『최고의 팀은 무엇인 다른가』(웅진지식하우스, 2018). pp. 10-11
120   켄 로빈슨, 루 애로니카(2016), pp. 10-11.

것을 넘어서 비관적이다.

개념과 회수가 일어나지 않는 교육은 학습 전이가 일어나지도 않을 뿐만 아니라 아이들이 교육을 받아들이는 지능 역시, 언어와 수리적 지능 외에도 다양한 지능을 사용하기 때문이다. 그러므로 우리는 아이들이 지능이 좋은가가 아니라 '어떤 지능이 좋은가'에 주목해야 한다. 아이들은 전혀 다른 방식으로 접근하기 때문이다.[121]

종전까지 우리는 지능을 언어와 수리 차원에서만 생각했고 회수라는 방식 역시 언어와 수리 지능을 근거로 회수하기를 기대했다. 아이들의 다중지능[122]을 끌어내 줄 수 있는 공간은 교회가 학교보다 훨씬 더 유리한 곳임에 틀림없다.

개념-기억-회수라는 학습 구조에서 아이들이 회수할 수 있다면 그 교육이야말로 평생 아이들의 마음속에 남길 수 있는 교육이기 때문이다. 회수하기 위하여 교사들이 가져야 할 전제는 세 가지다.

- 교육의 최종 목표는 성경이어야 한다.
- 아이들은 타고난 학습자라는 것을 믿어야 한다.
- 아이들이 스스로 표현하도록 해 보자.

아이들이 스스로 표현할 수 있도록 하기 위해서는 아이들의 눈높이에서 가르칠 수 있느냐에 달려 있다. 아이들의 눈높이에서 그리스도인 됨을

121　위의 책, p.84
122　하워드 가드너(2017), 이 책의 저자 하워드 가드너는 '지능'을 구성하는 요소로서 언어지능, 수리지능 뿐만 아니라 다양한 요소들이 있다고 밝히고 있으며 이것을 '다중지능'으로 명하고 있다.

가르칠 수 있을까? 아이들은 신학 개념이 아니라 맥락에서 상상하여 표현을 회수할 수 있을까?

아이들에게 성령의 열매를 가르쳐 보자.[123] 우리는 지금까지 성령의 열매를 배울 때, 성령의 열매 9가지를 암기해서 열거하는 교육을 받았다. 그런 방식으로 독자들에게 질문은 던진다.

• 성령의 9가지 열매를 열거해 보자.

9가지 열매를 외울 수 있는가? 열거해 보면 사랑, 화평, 오래 참음, 자비, 양선, 충성, 온유, 절제가 9가지의 열매다. 그렇다면 다음 질문에 대답해 볼 수 있는가?

• 화평, 양선, 온유의 차이점은 무엇인가?

이 질문은 좀처럼 대답하기가 힘들다. 심지어 국어 교사라도 개념을 잡아서 아이들에게 설명하는 것은 쉽지 않다. 이런 방식의 교육은 아이들의 신앙에 도움이 되지 않는다. 사랑이라는 것을 외우는 것보다 더 중요한 것은 왜 사랑해야 하고, 어떤 상황에서 그것을 발휘해야 하는지가 아닐까.[124]

지금부터 이렇게 접근해 보자. 톨스토이 단편선 중에서『사람은 무엇

---

123   현재 톨스토이의 단편을 통해 성령의 9가지 열매를 집필 중이며, 근간에 출간될 예정이다.

124   존 카우치, 제이슨 타운, p. 137.

으로 사는가』(새움)를 가지고 교사들과 함께 세미나를 해 보자. 그리고 각 물음에 대해 일주일에 한 물음씩 나눔을 가져 보자.

나눔 주제	단편 제목
성령의 열매는 왜 필요할까?	사랑이 있는 곳에 하나님도 있다
사랑	사람은 무엇으로 사는가
희락	일리아스
화평	바보 이반
오래 참음	세 가지 비유
자비	아시리아의 왕 아사르하돈
양선	한가한 사람들의 대화
충성	세 가지 질문
온유	가난한 사람들
절제	사람에게는 땅이 많이 필요한가

위의 주제를 나누기 위해 한 주에 한 개의 톨스토이 단편들을 읽어 보라. 그리고 각자 읽어 온 내용을 기억해서 위의 주제를 나누어 보자. 성령의 9가지 열매를 열거할 때와는 전혀 다른 차원의 느낌을 얻을 수 있다.

'성령의 열매가 왜 필요한가?'라고 생각해 본 적이 있는가? 그런 고민 없이 우리는 외우고 열거하는 데에 급급했다. 「사랑이 있는 곳에 하나님도 있다」라는 작품을 읽고 이 질문에 다시 머리를 맞대고 고민을 해 보자.

왜 우리에게는 성령의 열매가 필요할까? 그것이 바로 하나님이 이 세상에 나타나시는 방법이기 때문이다. 하나님은 성령의 열매를 통해 이 세상에 자신을 드러내신다. '하나님은 사랑이시다'라는 구호를 우리는 수없이 접했다. 전도지에, 전도 용품에, 그리고 교회 벽면에 무수히 붙은 이 구호를 지금까지 보지 못한 사람은 없을 것이다.

그러나 왜 하나님은 이 세상에서 느끼기 어려운가? 하나님은 사랑이신데 왜 이 세상에서는 하나님의 사랑을 느끼기가 어려운가? 그 이유는 단 하나다. 사랑을 행하는 사람들이 많지 않기 때문이다.

하나님은 그리스도인들을 통해서 자신을 이 세상에 드러내신다. 그래서 하나님은 자신의 사랑하는 자녀들을 데리고 가시는 것이 아니라 이 세상에서 끝까지 보전하시기를 원하신다(요 17:15). 그래서 성령의 열매를 맺을 때 비로소 하나님은 이 세상에 자신의 뒷모습을 드러내신다.

절제가 무엇일까? 양선이란 무엇일까? 이 나눔을 위해 단편들을 읽고 와서 이 주제를 나눠 보자. 풍성한 나눔과 고백이 흘러넘칠 것이다. 이런 교육을 아이들에게 시도했다. 초등학생이건, 미취학 어린이들이건 상관없이 이야기를 들려주었을 때, 아이들은 자신들의 맥락에서 이 개념을 이해하고 어떻게 해야 하는지에 대한 물음에 대답을 하게 된다.

이런 방식의 신앙교육을 통해 아이들의 마음속에 그리스도인이 된다는 배움을 차곡차곡 쌓아 갈 수 있다.

피테르 브뤼헬이 주는 희망

이 책에서는 종교 개혁 시대를 살았던 피테르 브뤼헬의 작품들을 통해 문제의식을 가지고 주일학교에 대해 고민을 해 보았다. 우리는 왜 주일학교를 변화해야 하고, 심지어 왜 환골탈태를 해야 하는 것일까? 주일학교를 바꾼다고 해서 무엇이 달라지는가?

브뤼헬은 그림으로 우리에게 답을 한다. 다음 262쪽 그림을 보면 두 마리 원숭이 발목에 족쇄가 채워져 있다. 눈빛은 기가 죽어 있고, 소망이 없어 보인다. 원숭이들의 마음은 온통 호두 열매를 향하고 있다. 호두 껍데기가 널브러져 있고, 더 많은 호두가 없음에 아쉬워하는 눈빛이다.

이 그림은 플랑드르의 속담, "개암(호두) 열매 때문에 재판소에 간다"는 것을 표현했다. 작은 욕심 때문에 더 큰 것을 잃는다는 의미를 이 그림으로 나타낸 것이다. 브뤼헬은 당시 시대를 풍자하고 있다. 종교 개혁을 수용했고, 프로테스탄트의 가르침이 전파되었으며, 교회는 플랑드르에 세워졌지만, 사람들은 눈앞의 욕심에 집착한 나머지 더 큰 소망을 상실했다.

두 마리 원숭이 뒤에는 플랑드르의 중심도시 안트베르펜 항구 모습이 보이고, 그 위로 새들이 창공을 날고 있다. 브뢰헬은 원숭이와 새들을 대조시킨다. 과연 우리 아이들에게 소망이 있는가? 복음의 자유를 누리지 못하고, 눈앞의 껍데기에 우리의 시선을 빼앗기고 있는 것은 아닌가.

이 책이 전하려는 것은 당장 눈앞의 급한 불을 끄기 위해 호두 열매를 던져 주자는 것이 아니라 발목의 족쇄를 제거하고, 자유를 누리게 하자는 마음으로 10년간 자료들을 모았다. 자료를 만들 때에는 현장에서 아이들에게 가르치며 관찰했고, 교회교육 현장의 수많은 교사 및 교역자들과 머리를 맞대며 고민했다.

이제 독자들의 차례다. 부디 독자들이 있는 그곳에서 아이들의 발목에 채워진 족쇄를 풀어내고 진리의 자유를 누리게 할 수 있기를 진심으로 소망한다. 진리가 우리를 자유롭게 한다는 것을 지금도 믿기 때문이다.

교회교육을 위해 필요한 자료들
- 최주훈, 『예배란 무엇인가』
- 정은진, 『우리 아이 기초 공사』
- 마상욱, 『이야기 청소년 신학』
- 황희상, 『특강 소요리 문답』
- 박양규, 『청소년을 위한 하이델베르크 교리문답』
- 박양규, 『인문학은 성경을 어떻게 만나는가』
- 박양규, 신소윤, 『동화 속 성경 이야기』
- 박양규, 『구원으로 가는 9개의 이야기 계단』
- 정혜민, 『토닥토닥 성교육, 혼자 고민하지 마』

필자가 제작하는 교육 콘텐츠들은 다음 유튜브에서 볼 수 있다.
- 주일학교 교사들을 위한 교육콘텐츠(유튜브 : "교회교육연구소"검색)
- 어린이들의 신앙을 위한 교육콘텐츠(유튜브 : "큐리랜드TV"검색)
- 청소년들을 위해 신앙과 성교육을 위해 추천하는 곳(카카오톡 채널 및 유튜브 : "성교육상담센터 숨"검색)
- 아이들의 선천적 성향, 기질을 분석하고 최적의 교육 방향을 제시하는 곳(듣는 마음 연구소, 네이버블로그 : HYPERLINK "https//blog.naver.com/hmeesong"https://blog.naver.com/hmeesong)

QR코드 모음

각주44,
렘브란트
그림 설명

각주46,
레미제라블을 통해
이해하는 칭의와
구원(큐리랜드TV)

각주48,
특별한 성경학교

각주51,
소명중고등학교
수업 모습

각주70,
한스 홀바인의
대사들
그림 설명

각주71,
빈센트 반 고흐의
별이 빛나는 밤
그림 설명

각주90,
미켈란젤로의
아담의 창조
그림 설명

각주91,
마르크 샤갈의
인간의 창조
그림 설명

각주92,
미켈란젤로의
최후의 심판
그림 설명

각주99,
피테르 브뢰헬의
농민의 결혼식
그림 설명

각주106,
동화 속 성경 이야기

각주107,
미켈란젤로의
아담의 창조
그림 설명

각주108,
에드바르 뭉크의
절규
그림 설명

각주109,
살바도르 달리의
성 요한의 십자가의
그리스도 그림 설명

각주110,
동화 속 성경
이야기를 중학교에서
사용한 영상

각주111,
동화 속 성경 이야기
1과 영상

각주112,
동화 속 성경 이야기
2과 영상

각주113,
동화 속 성경 이야기
3과 영상

각주114,
레미제라블로
설명하는 칭의

각주115,
구원으로 가는
9개의 이야기 계단